Christian Ortner

Hört auf zu heulen

Christian Ortner: Hört auf zu heulen

www.edition-a.at

Lektorat: Dino Beck

Cover und Gestaltung: Hidsch
Druck: Theiss (www.theiss.at)

Gesetzt in *Premiéra*

1 2 3 4 5 6 — 16 15 14 13

ISBN 978-3-99001-063-1

Christian Ortner

HÖRT AUF ZU HEULEN

edition a

I. »Enttäuschung«, »Wut« und natürlich die unvermeidliche »Betroffenheit« sind in der wohlhabenden deutschsprachigen Mitte Europas zu einer Seuche geworden, die vermutlich ungefähr so viel Schaden anrichtet wie Klimawandel, Waldsterben und Fukushima zusammen.

Er sei, tobte im Frühling 2013 ein junger, gar nicht unbegabter österreichischer Journalist auf seinem Blog, in seinem ganzen Leben »*noch nie so respektlos und miserabel behandelt worden ... Ich bin wütend. Ich bin enttäuscht. Es tut verdammt weh ...*«

Ursache der argen Seelenpein des Mannes war ein in der Tat etwas herzlos geratenes Schreiben des österreichischen Staatsfernsehens ORF gewesen, in dem ihm beschieden wurde: »*Wir bedauern sehr, Ihnen mitteilen zu müssen, dass das Traineeship, für welches Sie sich beworben haben, leider nicht stattfinden wird.*

Für Ihr Engagement sowie für Ihre Geduld beim Warten auf die Entscheidung danken wir Ihnen sehr herzlich. Falls wir 2014 ein solches Traineeship anbieten, finden Sie die Informationen dazu im Dezember auf jobs.orf.at. Wir wünschen Ihnen für Ihren weiteren Weg alles Gute!«

Grund der Absage war nicht etwa die mangelnde Qualifikation des jungen Mannes gewesen – die hatte er einem aufwändigen Auswahlverfahren bereits unter Beweis gestellt – sondern eine Entscheidung des Senders, doch keine derartigen Praktikanten einzustellen. Blöd gelaufen, sozusagen.

Verständlich ist da ja bis zu einem gewissen Grad, dass der verhinderte Trainee sich nicht eben gut behandelt fühlte und darob eher schlechte Laune aufriss.

Was aber bringt jemanden dazu, so mimosenhaft, heulsusig und vor allem völlig ohne jedes Gefühl für angemessene Proportionen derart emotional zu hyperventilieren – und das noch dazu in aller Öffentlichkeit? *Es tut verdammt weh?*

Selbst Armin Wolf, Anchorman des ORF und wohl bekanntester Fernsehjournalist des Landes, konnte es sich nicht verkneifen, dem Sensibelchen auf Facebook einen kleinen Reality-Check zu spendieren: »*Ich habe mal – mit einigen sehr engagierten, tollen Kollegen – ein Jahr lang an einem Web-Projekt gearbeitet, das dann nicht zustande kam, weil das Budget letztlich doch nicht vorhanden war*«, schrieb Wolf. »*Nicht ideal, echt nicht lustig, viel verlorene Arbeits- und Lebenszeit, aber das passiert in Unternehmen. Man ärgert sich trotzdem – und das zu Recht.*

Aber: ›Ich wurde in meinem Leben noch nie so respektlos und miserabel behandelt‹?

Echt jetzt? Ist das Ihr Ernst?

Eine vergebliche Bewerbung, ein ebenso vergebliches Assessment, eine durchaus höfliche Absage – das ist die miserabelste Behandlung eines ganzen Lebens?

Ich muss jetzt mal etwas leicht Polemisches sagen: Herr Kollege, ich fürchte, Sie müssen sich für Ihr Berufsleben eventuell noch auf ein paar Enttäuschungen einstellen, die deutlich größer ausfallen können.«

Das stimmt natürlich. Doch das gilt freilich nicht nur für unseren armen verhinderten Trainee und auch nicht nur für das Erwerbsleben. Was auf den ersten Blick wie die leichte Übersensibilität eines vielleicht emotional noch nicht ganz austarierten jungen Mannes erscheinen mag, ist nämlich nicht eben unsymptomatisch für die Befindlichkeit erheblicher Teile der Bevölkerung und der politischen Eliten in den westlichen Sozialstaaten des frühen 21. Jahrhunderts. »Wütend«, »betroffen« und »enttäuscht« zu sein, auf was und von was auch immer im Einzelnen, ist zu einem Massenphänomen geworden, das sich längst dem Gesetz von Ursache und Wirkung entzogen hat und zu einer Art frei schwebenden Befindlichkeit geworden ist.

Ausgerechnet jener Teil der Welt, dessen Bewohner vor den Unannehmlichkeiten des Lebens vom fürsorglichen Nanny-Staat weit umfänglicher, aufwändiger und kostspieliger beschützt werden als alle anderen Menschen auf diesem Planeten, entwickelt sich immer mehr zu einer Zone der Weinerlichkeit, des Jammerns und der weitgehenden Unwilligkeit, die Unbilden des Daseins mit angemessener Gelassenheit hinzunehmen. Und zwar quer über nahezu alle sozialen, regionalen oder Altersgruppen hinweg. Alle Menschen werden Brüder – aber Brüder im Geiste einer unglaublichen Wehleidigkeit.

Man muss sich nur eine der zahllosen TV-Quasselshows des deutschen Sprachraums ansehen, um das Ausmaß des Leidens erfassen zu können, das angeblich Europa erfasst hat. Die Jugend? Eine verlorene Generation. Die Alten? Von Altersarmut, Alzheimer und Mangel an Pflegern bedroht. Deutsche und Österreicher? Müssen für die faulen Südeuropäer zahlen. Griechen und Portugiesen? Werden von den Troika-Faschisten unterdrückt. Reiche? Werden enteignet. Arme? Verarmen. Arbeitgeber? Bekommen keine guten Arbeiter mehr. Arbeiter? Haben in halb Europa keine Arbeit. Sparer? Bekommen keine Zinsen. Kreditnehmer? Bekommen keinen Kredit mehr. Schüler? Klagen über Lehrer. Lehrer? Klagen über Schüler. Und so weiter und so weiter ohne Ende, die Gegenwart ein nicht enden wollendes Jammertal, in dem das blanke Elend regiert und dessen Bewohner ausschließlich Angehörige irgendeiner (oder noch besser gleich mehrerer davon) schwer benachteiligten Minderheit sind.

Kleiner Einschub: Ein ganz besonderes Talent, mimosenhafte Wehleidigkeit zum Lebensstil zu machen, zeigen übrigens regelmäßig ausgerechnet diejenigen, die den jungen Menschen eigentlich die zum Überleben im Dschungel des 21. Jahrhunderts notwendige Härte beibringen sollten – die Lehrer. Wann immer dieser Berufsgruppe eine kleine Änderung ihrer Arbeitsbedingungen zugemutet werden soll, verfallen deren Angehörige in kollektive Heulkrämpfe, als sollten sie künftig im Uranbergbau Untertagearbeit leisten. »*Es ist schon jetzt so, dass es im Lehrerbereich einen sehr hohen Anteil von teilbeschäftigten Personen gibt. Das liegt in erster Linie daran, dass es die Leute nicht aushalten, so viel zu arbeiten ...*«, greinte etwa ein österreichischer Lehrergewerkschafter angesichts der von der

Regierung angedrohten Zumutung, die wöchentliche Unterrichtsverpflichtung des Lehrkörpers auf brutale 26 Stunden pro Woche zu erhöhen. Angesichts von nur rund 180 unterrichtsfreien Tagen pro Jahr für österreichische Lehrer ja wirklich ein Grund, in konvulsivische Heulkrämpfe zu verfallen.

Das Einzige, worin sich alle die Benachteiligten, sozial Entrechteten und sonstwie Geschundenen einig sind: »Der Staat« soll zahlen, wegen der Gerechtigkeit und des sozialen Ausgleichs, und überhaupt.

Ganz prächtig gedeihen Weinerlichkeit, die Kunst des Betroffenheitsposierens und als Mitgefühl verkleidete Larmoyanz auch dort, wo im katholischen (in Österreich eher) oder evangelischen Milieu (in Deutschland verbreitet) Feste der Rührseligkeit und der Betroffenheit gefeiert werden, bei denen unter den Überschriften »Armut« oder »Ungerechtigkeit« oder »Sozialer Ausgleich« oder so ähnlich des Jammerns kein Ende ist. »*So viel Müll. So viel Ungerechtigkeit. So viel Bomben. So viel Gezocke. So viel Gewissenlosigkeit. So viel – was kein Mensch braucht*«, greinte etwa beim evangelischen Kirchentag 2013 die Hamburger Bischöfin Kerstin Fehrs geradezu artentypisch – eh, nur leider schaffen die Betroffenheitstsunamis keine Tonne Müll weg, beseitigen keine Bombe und hindern niemand am Zocken. »*Lange vorbei sind die Zeiten, in denen Protestanten stolz drauf waren, dass der Geist des Protestantismus auch immer der Geist des Kapitalismus war, weil bei-*

de auf die Autonomie des Individuums setzen und auf Eigenverantwortlichkeit. Protestantismus, das hieß einmal euphorische Bejahung der Moderne, der Industrialisierung, der Emanzipationskraft, die allein der Kapitalismus bereit stellt, indem er tradierte, repressive und – nicht selten katholische – vormoderne Strukturen zerschlägt«, notierte da zu Recht Alexander Grau im Magazin »Cicero«, und spottete: »*Wäre der Kirchentag lediglich die Hauptversammlung der Rührseligen und Harmoniesüchtigen, die ergriffen Kerzchen über die Elbe schaukeln lassen, man könnte ihn als Folkloreveranstaltung abtun. Doch hinter der süßlichen Rhetorik verbirgt sich ein moralischer Fundamentalismus ... (um) all jene zu missionieren, die nicht geneigt und nicht willens sind, die heilige Dreifaltigkeit aus Antikapitalismus, Pazifismus und Ökologismus anzubeten.*«

Nicht, dass es all diese in einer medialen Endlosschleife beklagten Schwierigkeiten, Unzulänglichkeiten und Problemzonen nicht bis zu einem gewissen Grad tatsächlich gäbe. Was freilich zunehmend wirklich ganz enorm nervt, ist die Weinerlichkeit und Larmoyanz, mit der diese Probleme im öffentlichen Raum abgehandelt werden, resultierend in einer zunehmenden Unfähigkeit und Unwilligkeit der Politik, gelegentlich harte aber notwendige Entscheidungen zu treffen.

Könnte ja irgendjemand zu heulen beginnen.

Anstatt etwa die enorme Verlängerung der menschlichen Lebenserwartung als ganz wunderbare Entwicklung zu feiern, wird so die daraus resultierende logische Notwendigkeit, eben auch länger arbeiten zu müssen, wehklagend als Zumutung empfunden.

Anstatt den Aufstieg Chinas zu den prosperierenden Regionen als gewaltige Chance für den Export unserer Produkte und Fertigkeiten zu betrachten, wird über den zusätzlichen Wettbewerb mieselsüchtig gemotzt.

Anstatt neue Möglichkeiten der Energiegewinnung – wie etwa das »Fracking« – als unerwartete Wachstumstreiber zu nutzen, verwenden wir sie vor allem, um unsere neurotischen Umwelt-Allüren zu kultivieren.

Weltmeister sind wir in der Fähigkeit geworden, Fortschritt im Zweifel als Bedrohung zu verstehen, vor der wir ängstlich zurückzuweichen haben.

Gespeist wird diese wenig zukunftsfreudige Mentalität nicht zuletzt von der im ganzen deutschen Kulturraum bis heute feststellbaren Neigung, sich mit Vergnügen zu Tode zu fürchten, vor was auch immer. Jene »German Angst«, die in ihrer österreichischen Version mit einem Schuss Übellaunigkeit und nonchalanter Ignoranz durchmischt ist, stellt einen höchst wirkungsvollen Treibstoff für die Betroffenheits- und Weinerlichkeitskraftwerke da. Denn wer sich dauernd vor irgendetwas fürchtet, dem wird auch verlässlich Grund geliefert werden, den Zustand der Welt zu beklagen. Diese »German Angst« ist der einzige Rohstoff, der zwischen Nordsee und Wörthersee in schier unbegrenzten Mengen vorhanden ist: Angst vor dem Atom, Angst vor dem Gen, Angst vor dem Klimawandel – schier unerschöpflich erscheint das deutsche Angstrepertoire. Eine Attitüde mit Tradition übrigens: »*Wir schreiben den 7. Dezember 1835. In Deutschland findet eine kleine Revolution statt: Die erste deutsche Eisenbahn fährt von Nürnberg nach Fürth. Die Bevölkerung jedoch jubelt keineswegs angesichts dieser technischen Neuerung. Stattdessen hat sie Angst. Angst vor dem Explodieren der Dampfkessel. Angst davor, der vorüberfahrende Zug könnte das Vieh auf der Weide unfruchtbar machen. Angst vor der Geschwindigkeit von 35 Stundenkilometern, von der Menschen in Ohnmacht fallen könnten.*

176 Jahre später hat sich scheinbar wenig geändert. Bedenkenträgerei, Panikmache und das Schüren von Ängsten gehören immer noch zur deutschen Volksseele und lassen den Alltag oft gefährlich und wenig ermutigend aussehen.« (Der deutsche Publizist Carsten Tergast)

Man kann sich des Eindrucks nicht wirklich erwehren: Würde man die heutigen Bewohner Deutschlands oder Österreichs samt ihrer politischen Klasse mit einer Zeitmaschine ins Jahr 1945 zurückbeamen, würden sie dort vermutlich nicht mit dem Wiederaufbau ihrer zerstörten Länder beginnen, sondern heulend zusammenbrechen und in flugs gegründeten Betroffenengruppen lauthals ihr Schicksal beklagen (diesfalls freilich ja auch völlig zu Recht).

Dass hingegen die Kinder und die Enkelkinder jener Generation, die vor mehr als einem halben Jahrhundert tatsächlich Grund gehabt hätte, ihre Lebensumstände zu beklagen, heute schon »*wütend und enttäuscht*« sind, wenn ihnen das Leben mal einen Absagebrief zukommen lässt, muss als Form der psychischen wie intellektuellen *Verweichlichung* gedeutet werden, einer Unfähigkeit oder Unwilligkeit also, erheblich Anstrengungen zu unternehmen, Niederlagen oder Verluste hinzunehmen und eine gewisse Schmerzresistenz gegenüber den Zumutungen und Ungerechtigkeiten des menschlichen Daseins hinzunehmen. So, wie wir uns daran gewöhnt haben – und daran gewöhnt worden sind –, jedes kleine Wehwehchen sofort mit Schmerzkillern aus der Welt zu schaffen, neigen wir immer mehr dazu, jede kleinste Beeinträchtigung unserer Komfortzone als nicht hinnehmbare Zumutung zu verstehen, die gefälligst vom Staat beseitigt werden muss. Und zwar sofort, wenn geht.

Es ist also letztlich ein Mangel an für das menschliche Überleben notwendiger Härte – primär gegen sich selbst, aber auch anderen gegenüber, wenn es denn sein muss –, der jene Weinerlichkeitskultur erzeugt und befördert, in der Empathie mehr zählt als Ergebnisse, Betroffenheit zur Bürgerpflicht wird und die Fähigkeit politischer Amtsträger, öffentlich zu heulen, gelegentlich mehr zu zählen scheint als ihre Fähigkeit, gediegene Entscheidungen zu fällen.

Wie weit der Prozess der Verweichlichung auch und gerade unserer politischen Eliten vorangeschritten ist, kann besonders gut beobachtet werden, wenn die sich außerplanmäßig aus ihren Ämtern verabschieden müssen. Karl-Theodor zu Guttenberg etwa, als deutscher Bundesverteidigungsminister immerhin verantwortlich gewesen für das Leben und Sterben deutscher Soldaten im Krieg am Hindukusch, war bei seinem Rücktritt am 1. März 2011 offenkundig so von der eigenen Bedeutung überwältigt, dass er die Tränen kaum halten konnte. Als er seinen Rücktritt damit begründete, *»am Ende seiner Kräfte«* zu sein, bloß weil er angesichts seiner gemogelten Dissertation in die öffentliche Kritik geraten war, mag man das menschlich sympathisch finden – oder schlicht als Mangel an der einem derartigen Amt angemessenen Härte gegen sich selbst verstehen.

Dergleichen ist neuerdings immer öfter zu besichtigen. Auch die damalige Salzburger Landeschefin Gabriele Burgstaller hatte am 12. November 2012, ihren wegen eines gewaltigen Finanzskandals nahenden Amtsverzicht vor Augen, jene mit Tränen gefüllt – wobei die Salzburger Bürger deutlich mehr Grund zu weinen gehabt hätten als die gescheiterte Politikerin – genauso wie der ehemalige deutsche Bundespräsident Horst Köhler am Tage seines Rücktritts seine Augen nicht trocken halten konnte. Irgendwie bemerkenswert auch die Tränen, die dem Sozialdemokraten

Peer Steinbrück im Bundestagswahlkampf vor laufenden Kameras aus Gründen großer Ergriffenheit über sich selbst aus den Augen liefen – ausgerechnet jener Steinbrück, der politische Gegner mit Vergnügen als »Heulsusen« abqualifiziert.

Handelte es sich bei solchen öffentlichen Tränenergüssen bloß um simples politisches Handwerkszeug zur Täuschung des Wählers, um Theatertränen sozusagen, man könnte getrost zur Tagesordnung übergehen. Zu befürchten ist aber: Politiker heulen immer öfter, weil ihnen, wenn auch aus völlig unangemessenen Gründen, tatsächlich zum Heulen zumute ist. Die meinen das ernst, und das ist nun wirklich zum Heulen.

Im heute die öffentliche Meinung dominierenden Milieu der Familienaufsteller, Dauerbetroffenen und hauptberuflichen Mediatoren noch gar nicht bekannter Konflikte wird derartige Schwäche gerne zur Stärke umdefiniert (»starke Männer weinen« oder so). Tatsächlich ist freilich eine derartige Schwäche nichts als Schwäche, in diesem Kontext jedenfalls; und das wünscht man sich von einem Staatschef oder einem Verteidigungsminister ja doch eigentlich eher weniger. Aber ganz offensichtlich spiegelt sich in der Verweichlichung der Eliten bloß die Verweichlichung jener, die sie wählen. Passt schon, irgendwie. Vielleicht sollte man ja einen bundesweiten Tag der Träne einführen, an dem sich alle gemeinsam einmal so richtig schön ausheulen können.

Man könnte das als etwas eigenartige, aber letztlich nicht sonderlich nachteilige Verfasstheit einer von Jahrzehnten des Wohlstandes und des Friedens konfliktscheu, harmoniebedürftig und veränderungsängstlich gewordenen Gesellschaft verstehen, stünden wir nicht in hartem Wettbewerb mit anderen Gesellschaften, die deutlich robuster gestrickt sind und nicht gleich mit Weinkrämpfen, Betroffenheitsattacken und Therapiebedürfnis auf Probleme und Herausforderungen reagieren. In diesem globalen Wettbewerb mit den USA, China, Indien, Brasilien und künftig wohl auch anderen aufsteigenden Nationen wird uns unsere Wehleidigkeit, unsere Weinerlichkeit und unsere habituelle Abneigung gegenüber harten Entscheidungen aller Art nicht wirklich hilfreich sein, ganz im Gegenteil.

Denn diese Weinerlichkeit ist gleichzeitig das Fundament einer politischen Kultur, die auf jede Wehklage mit einer gut gemeinten, aber in vielen Fällen schlecht endenden staatlichen Intervention schließt. Wird laut genug darüber geklagt, dass unterqualifizierte Menschen am Arbeitsmarkt nicht ausreichend entlohnt werden, muss ein gesetzlicher Mindestlohn her, der leider vor allem die Arbeitslosigkeit Minderqualifizierter erhöht. Wird laut genug über die tristen Lebensumstände in Afrika geklagt, werden wieder mal ein paar Milliarden gen Süden geschickt, die leider die Probleme Afrikas nicht kleiner, sondern meist noch größer machen. Wird laut über den Mangel an Arbeitsplätzen für Ältere geklagt, wird deren Kündigung gesetzlich untersagt – was noch weniger Jobs für Alte bedeutet.

Das Muster ist immer das gleiche: Im Bestreben, das vermeintliche oder auch tatsächliche Leid von irgendwelchen Betroffenen zu lindern, ignorieren die Wohlmeinenden in Politik, Gesellschaft und den Medien geflissentlich ökonomische Gesetzmäßigkeiten – und machen damit am Ende alles noch schlimmer, können sich aber dabei selbst richtig gut fühlen.

Wenn wir nicht irgendwann aufhören zu heulen, werden wir schließlich wirklich Grund haben zu heulen.

II. Etwa sieben Prozent der Weltbevölkerung sind derzeit Europäer; diese erwirtschaften rund ein Viertel des Weltwirtschaftsprodukts. Der europäische Anteil an allen weltweit erbrachten Sozialleistungen beträgt jedoch 50 Prozent. Sonst noch Fragen?

Oliver ist in einem idyllischen kleinen Weinbauort in der Südsteiermark, unweit der österreichisch-slowenischen Grenze aufgewachsen und war schon mit 13 das, was man wohl einen »problematischen Jugendlichen« nennen würde: In den zahllosen Schulen, die er besuchte, kommunizierte er hauptsächlich mittels seiner Fäuste und Messer mit seiner Umgebung, privat amüsierte er sich – meist zusammen mit seinem Bruder –, indem er kleine Einbrüche unternahm, ältere Mitbürger bedrohte oder sich das Privateigentum seiner Mitschüler eher formlos und ohne zu Fragen aneignete.

Für derartige Fälle hält der Sozialstaat eine ganze Reihe spezieller Einrichtungen bereit, die mittels hochintensiver Betreuung durch Fachpersonal den allzu frühen Start einer wirklich kriminellen Karriere verhindern sollen. Im Falle Olivers entstanden dem Steuerzahler dadurch phasenweise Personalkosten von mehr als 800 Euro pro Tag; leider ohne nachhaltigen Erfolg. Auch vier Betreuer, die sich im Schichtdienst um ihn kümmerten, bremsten sein kriminelles Animo nicht wirklich.

Schließlich entschloss sich die gepeinigte Heimatgemeinde Olivers, den jungen Mann eines deutschen Spezialprogramms für derartige schwere Fälle teilhaftig lassen zu werden. Über Hamburg wurde Oliver in die Obhut einer deutschen Familie in Westafrika übergeben, die dort unter den harten Lebensbedingungen des schwarzen Kontinents eine Art »Boot-Camp« für schwer zu zivilisierende Jugendliche betreibt; gegen angemessene Entlohnung durch die öffentlichen Hände, versteht sich.

Ein Jahr verbrachte Oliver in Afrika, dann kehrte er in seine Heimat zurück, scheinbar geläutert. Leider hielt dieser Zustand nicht lange an. Von den Behörden absurderweise wieder in eine gemeinsame Wohnung mit seinem ebenfalls latent kriminellen Bruder gesteckt, kehrte Oliver binnen kürzester Zeit zu seinem alten Lebensstil zurück. Es ist nur mehr eine Frage der Zeit, bis er seine erste Haftstrafe antreten wird.

»Der Oliver«, resümiert der Bürgermeister von dessen Heimatgemeinde, *»hat den Sozialstaat bis jetzt mehr als 300.000 Euro gekostet, die von den tüchtig arbeitenden Menschen aufzubringen sind. Das ist weder gerecht noch sozial, das ist einfach gröblicher Unfug.«*

Ein noch bemerkenswerteres Beispiel, wozu der moderne Sozialstaat in diesem Kontext fähig ist, berichtete das schweizerische Boulevardblatt »Blick« im August 2013 seinen Lesern.

»Letzten Sonntagabend, ›Reporter‹ auf SRF 1: Der leitende Zürcher Jugendanwalt Hansueli Gürber (62) erzählt aus seinem Leben. Wie er im Keller Schlangen und Echsen züchtet. Wie er 20 Jahre lang mit seiner Geliebten eine zweite Familie verheimlichte. Und wie er mit den Straftätern umgeht, die auf seiner Jugendanwaltschaft landen«, stimmt der »Blick« seine Leser auf ein Sozialdrama ein.

»Alt-Hippie Gürber präsentiert dem Fernsehpublikum den Fall des 17-jährigen Carlos, dessen Strafregister ›ganze Ordner füllt‹. Mit neun Jahren verübt Carlos seine erste Straftat. ›Es folgten viele weitere Delikte wie Raub, Gewalt, Drohung, Waffenbesitz, Drogenkonsum – um nur einige zu nennen‹, heißt es im Film. Vor zwei Jahren dann verletzt Carlos mit dem Messer einen Jugendlichen so schwer, dass dieser ›nur dank großem Glück überlebte‹.

Welche Folgen hatte der Angriff für den Täter? In einem Boxkeller prügelt Carlos auf einen Sandsack ein. Gürber hat dem Messerstecher eine Trainingsmöglichkeit verschafft. Nicht bei einem Amateur. Sondern beim zehnfachen Thaibox-Weltmeister Shemsi Beqiri. Dass der gefährliche Schläger durch die Kampftechnik noch unberechenbarer wird, verneint Gürber. Bei jedem Besuch habe sich Carlos ›zum Positiven‹ entwickelt, sagt er.

Um ›das Positive‹ geht es auch im Gruppengespräch im Jugendamt. ›Rund zehn Personen kümmern sich laufend um Carlos‹, heißt es im Film. Darunter ein Privatlehrer, ein Anwalt und sein Sportlehrer.

Von der Sozialarbeiterin Mariam wird er sogar ›rund um die Uhr‹ betreut. Die beiden wohnen in einer hellen, offensichtlich neu renovierten 4½-Zimmer-Wohnung mit Marmorküche und Parkett. ›Ich mache dir Ingwertee‹, sagt Mariam zu Carlos. ›Das tut dir gut.‹

Die beiden sitzen am Tisch und scherzen darüber, wer das schönere Zimmer habe. ›Geht gut‹, sagt Mariam. ›Aber ist nicht einfach, wenn er schlechte Laune hat.‹

Der SRF-Reporter stellt die Kostenfrage. Gürber druckst herum. Dann sagt er: ›Das sind 22.000 Franken.‹ Pro Monat. Allein für Carlos' Betreuung. Gürber sagt: ›Wir hatten schon Unterbringungen mit ihm, die das Doppelte gekostet haben.‹

Ob er denn nicht arbeiten wolle, fragt ein Sozialarbeiter Carlos verständnisvoll. ›Nein, schaffen kann ich nicht‹, sagt der. ›Soll ich denn nur am Morgen und am Abend trainieren?‹ Carlos wolle Thaibox-Profi werden, alles andere interessiere ihn nicht, sagt der Reporter.

Und er fragt den Jugendanwalt, ob er denn nicht härter sein müsste mit Carlos. ›Ich denke, wir sind auch zu Recht mild‹, sagt Gürber.

Wie viel Carlos' Betreuung insgesamt schon gekostet hat, konnte die Zürcher Jugendanwaltschaft gestern auf Anfrage nicht mitteilen.«

Nun sind der Fall Oliver oder die Causa Carlos vielleicht nicht ganz prototypisch für das Funktionieren des Sozialstaates – aber sie sind durchaus brauchbar als Metapher darüber, was dessen Grundproblem ist. Denen, die produktiv arbeiten, wird ein erheblicher Teil ihres Einkommens weggenommen und von der staatlichen Umverteilungsmaschine mit vielleicht guter Absicht, sicher enormen Kosten, aber in allzu vielen Fällen nicht wirklich gutem Ergebnis ausgegeben.

Mehr noch: In vielen Fällen richtet der Sozialstaat mit seiner fürsorglichen Belagerung des Einzelnen mehr Schaden an, als er Nutzen stiftet – von den Kosten jetzt einmal ganz abgesehen.

Etwa 86 Milliarden Euro gibt Österreich pro Jahr für Sozialleistungen aus – nicht eben wenig für einen Staat von 8,5 Millionen Menschen. Rund ein Drittel der österreichischen Wirtschaftsleistung fließt in das System der sozialen Absicherung, ein im internationalen Vergleich sehr hoher Anteil.

Paradoxerweise führen diese horrenden Mittel freilich in vielen Fällen nicht dazu, das materielle Leid der unteren sozialen Schichten zu beseitigen oder wenigstens zu lindern. Ganz im Gegenteil.

So zeigte etwa eine im Jahr 2011 publizierte Studie, dass alleinerziehende Mütter massiv von Armut bedroht sind. Fast 80 Prozent von ihnen verdienen nämlich weniger als 60 Prozent des österreichischen Durchschnittseinkommens. Das heißt, dass jede unvorhergesehene Ausgabe – etwa für eine neue Waschmaschine – zur finanziellen Apokalypse werden kann, an Urlaub oder ähnlichen Luxus ist nicht einmal zu denken. Jede vierte alleinerziehende Mutter gab gar an, nur mit Müh und Not täglich zwei reguläre Mahlzeiten finanzieren zu können – und das nicht etwa im Inneren des Kongo, sondern in einem der reichsten Staaten der Welt.

Doch die Ursache dieser frappierenden Armut ist nicht zu wenig, sondern zu viel Geld. Mit hohen Milliardenbeträgen überschüttet der Staat nämlich, nicht zuletzt aus Gründen der Wählerbestechung, junge Familien unter verschiedenen Titeln – und verführt damit Frauen mit kleinen Kindern, erst einmal aus dem Erwerbsleben auszuscheiden und sich der Aufzucht des Nachwuchses zu widmen.

Das mag wunderbar sozial und menschenfreundlich erscheinen, hat aber eine unerquickliche Nebenwirkung. Einmal aus dem Erwerbsleben ausgeschieden, entwertet sich die berufliche Qualifikation dieser jungen Frauen nämlich meist blitzartig, vor allem wenn sie nicht gerade Ärztinnen, Juristinnen oder Managerinnen sind. Lassen sie sich dann nach einigen Jahren scheiden – was ja regelmäßig der Fall ist –, stehen sie ohne Job und schließlich ohne Einkommen da. Und fallen dem Sozialstaat zur Last: Armut, die mit Milliarden an Steuergeld erkauft wird, sozusagen. Ein wahrer Triumph des Sozialstaates.

Auch in Deutschland doktert der Sozialstaat mit hohem Aufwand und bedenklichem Ergebnis an den Alleinerzieherinnen herum. Fast die Hälfte der »single mums« lassen sich dort ihren Lebensunterhalt vom Sozialsystem finanzieren, mit durchschnittlich knapp 1.400 Euro im Monat. Da kommt im Verlauf der Jahre einiges zusammen.

»Für eine nie erwerbstätige Mutter mit einem Kind – eine nicht untypische Hartz-IV-Biographie – muss der Steuerzahler bis zu ihrem 50. Lebensjahr 445.000 Euro bezahlen, hat die Gießener Ökonomin Uta Meier-Gräwe errechnet. Eine vergleichbar qualifizierte, ebenfalls alleinerziehende, aber erwerbstätige Mutter zahlt im selben Zeitraum rund 215.000

Euro an Steuern. Das bedeutet: Um die erwerbslose Alleinerziehende zu alimentieren, braucht es zwei Arbeiterinnen gleichen Typs«, berichtete die »FAZ«. Die Folge: »*Eine alleinerziehende Hartz-IV-Empfängerin wäre nicht nur dumm, sich offiziell wieder einen Partner zuzulegen. Es wäre auch unklug, wenn sie einen regulären Job annähme. Das ist das Ergebnis (...) einer Studie am Kieler Institut für Weltwirtschaft. Klaus Schrader, einer der Verfasser, rechnet vor: Eine Mutter mit zwei Kindern erhält 1.500 Euro staatlicher Unterstützung. Im Dienstleistungssektor könnte sie entsprechend ihrer Qualifikation nur ein Einkommen von 1.493 Euro erzielen. ›Warum sollte sie sich der Strapaze unterziehen?‹, fragt Schrader.*

Besser ist es, sie geht auf 400-Euro-Basis ein paar Stunden arbeiten. Dann erhöht sich ihr Transfereinkommen auf 1.660 Euro. In Ostdeutschland, wo die meisten Alleinerziehenden leben, sind die finanziellen Vorteile von Hartz IV noch erheblich größer. ›Da wäre es verantwortungslos, eine sozialversicherungspflichtige Arbeit anzunehmen‹, bilanziert Schrader.« (»FAZ«)

Ökonomen nennen so etwas eine »perverse Anreizstruktur« – eine an viele Stellen des Sozialstaates zu verortende Entgleisung.

Sozialleistungen führen dann regelmäßig dazu, dass sich die soziale Lage der scheinbar Begünstigten nicht nachhaltig verbessert, sondern sie bloß an ein Leben als Daueralimentierte herangeführt werden, die keinen produktiven Beitrag zum allgemeinen Wohlstand mehr leisten und mit ausreichend Fernsehkanälen und Billigbier ruhiggestellt werden bis zum Antritt des Ruhestandes.

So führt etwa Österreichs außerordentlich dicht gespanntes soziales Netz letztlich dazu, dass sich für wenig qualifizierte Angehörige der sozialen Unterschichten Arbeit eigentlich nicht wirklich auszahlt – weil der Staat ihnen die für sie erfreuliche Möglichkeit gibt, Sozialleistungen zu beziehen, deren Höhe sich von einem allfällig mühsam erarbeiteten Lohn kaum unterscheidet. So stellte das Wiener Institut für Höhere Studien (IHS) 2010 in einer heftig debattierten Studie fest, dass ein junges Paar mit zwei Kindern ohne Arbeit staatliche Zuwendungen von 27.400 Euro jährlich kassieren kann. Nimmt nun ein Elternteil Arbeit im Niedriglohnsektor an, etwa als Verkäufer im Handel, erhöht sich das Gesamteinkommen der Familie dank kleiner werdender Transferzahlungen um nicht einmal 900 Euro – pro Jahr.

Zu einem ganz ähnlichen Ergebnis kamen die Forscher des renommierten Grazer Instituts Joanneum Research: Für eine Familie mit drei kleinen Kindern wäre es demnach »*zwischen einem Bruttoerwerbseinkommen von 600 und 2250 Euro nicht möglich, das verfügbare Einkommen durch Steigerung der Erwerbstätigkeit selbst positiv zu beeinflussen*«. Arbeitslohn und staatliche Zuwendungen bilden bei diesen Einkommen kommunizierende Gefäße – Arbeit wird dadurch zu einer Neigung degradiert, der man nachgeht oder auch nicht. Es gilt: Leistung lohnt sich nicht; wer arbeitet, ist selbst schuld.

Noch klarer kann der Sozialstaat eigentlich gar nicht zeigen, dass er gar nicht wirklich ernsthaft daran interessiert ist, seine Insassen zur Erbringung eines produktiven Beitrags zum Wohlstand der Nation anhalten zu wollen.

Und das durchaus mit Methode. »*Mitunter sorgt der Staat nicht für mehr Gerechtigkeit, sondern schafft neue Ungerechtigkeiten*«, diagnostizierte 2011 die Wiener Journalistin Rosemarie Schwaiger im politisch nicht eben rechts stehenden Magazin »profil«. »*So kann man in Österreich etwa relativ leicht sehr jung in Pension gehen. Aber wer als Arbeitnehmer krank wird, bekommt ziemlich schnell finanzielle Probleme (...). Auch das höchstmögliche Arbeitslosenentgelt fällt mit 1411 Euro monatlich nicht gerade üppig aus. Studienbeiträge an österreichischen Universitäten wurden 2008 abgeschafft, obwohl alle Untersuchungen zeigen, dass vor allem die Kinder von (wohlhabenden) Akademikern vom Wegfall profitieren (...). Die meisten Transferleistungen fließen unabhängig vom Vermögen des Beschenkten. Auch wer gerade eine Villa im Grünen (steuerfrei) geerbt hat, bekommt Familienbeihilfe, Kindergeld oder Witwenpension. Es zählt nicht der Bedarf, sondern nur der Anspruch.*«

Das zu kritisieren und auf Änderungen zu drängen, gilt unter den Sozialdemokraten aller Parteien als höchst unschicklich. Wer den Sozialstaat auf ein vernünftiges Maß zurückstutzen will, wird als gefährlicher menschenverachtender Neoliberaler denunziert, dem es an Empathie für die Entrechteten dieser Welt mangelt. Zumal am Verwalten der gewaltigen Umverteilungsmaschine ja viele verdienen: Schätzungen zufolge kostet die deutsche Sozialbürokratie fast 40 Prozent der von ihr ausgeschütteten Leistungen.

Doch früher oder später wird es für den Staat unvermeidlich sein, nicht mehr jede verheulte Klage irgendeiner scheinbar oder tatsächlich benachteiligten Bevölkerungsgruppe mit einem fetten Scheck aus den Sozialtöpfen zu beantworten, sondern so etwas wie Härte zu zeigen und »Nein« zu sagen. Oder, wie die ehemalige Siemens-Vorsteherin Brigitte Ederer, in den 1990er-Jahren sozialdemokratisches Regierungsmitglied in Wien, zutreffend meint: »*Man sieht immer nur ein Mehr an sozialstaatlichen Notwendigkeiten. Dagegen wird die Frage, wo sich die Hilfe durch Staat und Gesellschaft überlebt hat, nicht gestellt.*«

Wird diese Frage nicht beantwortet, wird der Sozialstaat, wie wir ihn heute kennen, finanziell gegen die Wand krachen. Etwa sieben Prozent der Weltbevölkerung sind derzeit Europäer; diese erwirtschaften rund ein Viertel des Weltwirtschaftsprodukts. Der europäische Anteil an allen weltweit erbrachten Sozialleistungen beträgt jedoch 50 Prozent: Das wird, nicht zuletzt angesichts der zunehmenden Überalterung, der lauen Innovationskraft und der horrenden Schulden der Europäer, nicht wirklich haltbar sein.

In Dänemark, einem der am weitesten entwickelten Sozialstaaten der Welt, ist dieser kontrollierte Rückbau der Komfortzone bereits zu besichtigen. Ausgelöst durch den Fall »Carina«, einer 36-jährigen alleinerziehenden Mutter, die mehr als 2.000 Euro netto vom Staat bezieht, seit 20 Jahren ausschließlich von Sozialhilfe lebt und im Fernsehen zufrieden berichtete, wie bequem sie sich in diesen Verhältnissen eingerichtet hat, begann die Regierung mit längst überfälligen Schnitten. Der Zugang zur Frühpension wird deutlich erschwert, das Arbeitslosengeld nicht mehr wie bisher problemlos jahrelang ausgezahlt werden, und für Junge unter 30 soll der Zugang zu Sozialhilfe erschwert werden. Sogar jene viertel Million Dänen, die für lebenslang arbeitsunfähig aus gesundheitlichen Gründen erklärt wurden, müssen sich auf eine Überprüfung ihres medizinischen Status einstellen.

Doch nicht nur finanzielle Gründe machen ein teilweises Aufdröseln der sozialen Hängematte erforderlich. Letzten Endes ist es ja auch im Interesse der vom Staat alimentierten Schichten, nicht bis an ihr Lebensende eine von der Sozialbürokratie administrierte, überwachte und gesteuerte Existenz zu führen, sondern irgendwann auf eigenen Beinen zu stehen.

Dabei aber kann so manches, was der politisch-mediale Komplex der Wohlmeinenden zu ihrem vermeintlichen Vorteil fordert, genau diesen an sich so erstrebenswerten Schritt ins Freie, in die Selbstbestimmung und die Unabhängigkeit von der Sozialbürokratie mehr behindern als fördern.

Ganz typisch dafür ist die Forderung, gesetzliche Mindestlöhne einzuführen, die von Arbeitgebern nicht unterschritten werden dürfen. Das klingt sehr sozial und menschenfreundlich. Dass jemand, der arbeitet, vom Lohn dieser Arbeit nicht halbwegs erträglich leben kann, ist ja auch in der Tat ein höchst unbefriedigender Zustand. Und der scheint durch gesetzliche Lohnuntergrenzen ja einfach und effizient zu beseitigen zu sein.

Was von den Befürwortern dieser sozialen Wohltat meist ausgeblendet wird, ist ein einfacher ökonomischer Zusammenhang. Denn je höher Mindestlöhne angesetzt werden, um so weniger Arbeit wird zu diesen Löhnen nachgefragt werden. Einfache, unqualifizierte Arbeiten werden, wenn sie per Gesetz stark verteuert werden, entweder von Maschinen erledigt – oder auch gar nicht; vor allem dort, wo es um nicht unbedingt notwendige Dienstleistungen geht. Wenn relativ hohe Mindestlöhne festgelegt werden, wird deshalb nicht etwa die minderqualifizierte Person, die im Gourmet-Supermarkt beim Einpacken hilft oder Türen aufhält, mehr Geld verdienen – sondern sie wird arbeitslos werden, weil ihr Arbeitgeber sie sich nicht mehr leisten wollen wird.

Dieses Problem kann natürlich gelöst werden, indem der Mindestlohn sehr niedrig angesetzt wird –

was freilich zur Folge haben wird, dass in der Praxis fast kein Arbeitnehmer tatsächlich mehr verdienen wird. Ein Mindestlohn, der spürbar ist, erhöht die Arbeitslosigkeit – und einer, der die Arbeitslosigkeit nicht erhöht, wird für niemanden spürbar sein.

Präzise hat das der 1995 verstorbene liberale Ökonom Murray N. Rothbard in seinem 1988 erschienenen Essay »The Free Market« auf den Punkt gebracht: »*Tatsächlich kann es aber nur eine Sicht auf den gesetzlichen Mindestlohn geben: er ist erzwungene Arbeitslosigkeit, Punkt! Das Gesetz sagt: es ist illegal, und folglich kriminell, jemanden unterhalb eines bestimmten Stundenlohns von x Dollar einzustellen. Das bedeutet schlicht und einfach, dass viele freiwillig geschlossene Arbeitsverträge plötzlich gesetzeswidrig werden und dadurch Arbeitslosigkeit entsteht. Man muss bedenken, dass ein Mindestlohn keine neuen Arbeitsplätze schafft; er verbietet sie nur; und die Verdrängung von Arbeitsplätzen in die Illegalität ist eine unvermeidliche Folge.*

Alle Nachfragekurven fallen, und jene für Arbeit bildet keine Ausnahme. Daher führen zwangsläufig alle Gesetze für marktrelevante Mindestlöhne (ein Mindestlohn von 10 Cent pro Stunde hätte keinen Einfluss) zur Kriminalisierung von Beschäftigung und folglich zu Arbeitslosigkeit.

Kurz gesagt: wenn der Mindestlohn von 3,35 $ auf 4,55 $ pro Stunde steigt, führt dies zu dauerhafter Nichtbeschäftigung derjenigen, die sonst zu Löhnen irgendwo zwischen diesen beiden Werten eingestellt worden wären. Weil die Nachfragekurve für Arbeit (wie für jeden anderen Produktionsfaktor *auch) durch die wahrgenommene Grenzproduktivität der Arbeit bestimmt wird, werden durch dieses Verbot genau jene ›Grenzarbeiter‹ (Niedriglohnempfänger) geschädigt und ruiniert, welche die Befürworter der Mindestlöhne besonders fördern und schützen wollen, z.B. Migranten und Teenager.«*

Deshalb hat jüngst auch der Direktor des Instituts der deutschen Wirtschaft, Michael Hüther, eindringlich vor der Einführung eines flächendeckenden vom Staat festgelegten Mindestlohns gewarnt: »*Ein allgemeiner gesetzlicher Mindestlohn ist beschäftigungsschädlich und verteilungspolitisch ineffizient. Die Politiker aller Parteien sollten das wissen. Doch nichts ist offenkundig beharrlicher, als eine einmal zurecht gelegte Ideologie.*« (Quelle: »Handelsblatt«)

Der Sozialstaat kennt zahllose andere Beispiele dafür, wie vermeintlich soziale Gesetze und Regeln sich letzten Endes gegen jene wenden, zu deren Schutz sie ausgedacht worden sind.

Etwa, wenn der Gesetzgeber – wie es der Fall in den meisten südeuropäischen Ländern oder in Frankreich ist – Unternehmen das Kündigen von Mitarbeitern erschwert oder gar unmöglich macht. Klingt arbeitnehmerfreundlich, hat aber zur Folge, dass Unternehmen es sich ziemlich gut überlegen, ob sie jemanden anstellen oder nicht. Was auf den ersten Blick wie eine Waffe im Krieg gegen die Arbeitslosigkeit wirkt, ist in der Praxis eine Methode, Arbeitslosigkeit herbeizuführen – und außerdem eine extrem unfaire Bevorzugung jener, die Arbeit haben, gegenüber jenen, die Arbeit brauchen.

Nach dem gleichen Prinzip wendet sich auch der nur scheinbar supersoziale Kündigungsschutz für behinderte Arbeitnehmer gegen die, denen er vermeintlich nutzt. Denn auch in diesem Fall wird ein Arbeitgeber nicht wirklich motiviert, die Intention des Gesetzgebers zu erfüllen: Jemand, der weiß, dass er einen Behinderten völlig unabhängig von dessen Arbeitsleistung nie wieder kündigen kann, wird ihn im Zweifel vermutlich eher nicht einstellen.

»*Schneller als die Arbeitslosigkeit steigen in diesem Land nur die politischen Patentrezepte dagegen. Grüne und Gewerkschaften fordern wieder einmal kürzere Arbeitszeiten und Strafen für Unternehmen, die keine älteren Arbeitnehmer beschäftigen. So werden sie das Problem bestimmt nicht lösen*«, so die Wiener »Presse« jüngst zu diesem Phänomen. »*Denn ein genauer Blick auf die Statistik zeigt, dass die Unternehmen ohnehin um 39.000 ältere Arbeitnehmer mehr beschäftigen als im Vorjahr. Es funktioniert ganz gut ohne Staatszwang. Ganz schlecht klappt hingegen die Wiedereinstellung Älterer. Denn dort entscheiden sich Unternehmen im Zweifel für Mitarbeiter, die nicht über einen Kündigungsschutz verfügen, der sie de facto unkündbar macht. Deshalb brauchen Ältere nicht mehr, sondern weniger Kündigungsschutz. Schützen muss man sie nur vor ihren Beschützern.*«

Das gilt auch für ein anderes Lieblingsprojekt linker Sozialingenieure, das »bedingungslose Grundeinkommen«, also eine Art finanzielle Grundversorgung durch den Staat für alle. Die Anhänger dieser Sozialleistung argumentieren, dass genug Geld da sei, um einem Teil der arbeitsfähigen Bevölkerung ein würdiges Leben zu ermöglichen, auch wenn diese Leute nicht arbeiten. Statt eine teure Sozialbürokratie zu beschäftigen, solle ihnen der Staat einen fixen Betrag, das Grundeinkommen eben, auszahlen.

Das klingt sehr menschenfreundlich, hat aber ein kleines Problem: Das wird ohne entweder enorme Kosten oder aber höchst unerwünschte Nebenwirkungen nicht zu verwirklichen sein.

Der Wiener Journalist Eric Frey, selbst dem Grundeinkommen gegenüber nicht frei von Sympathie, hat auf seinem Blog »Krisenfrey« bestechend überzeugend vorgeführt, warum diese vermeintliche soziale Großtat doch keine ist:

»Das erste Manko des Grundeinkommens hängt mit der Arbeitsökonomie zusammen. Bedingungsloses Grundeinkommen bedeutet, dass jeder Bürger etwa 1.000 Euro im Monat zum Leben erhält, egal ob er arbeitet oder nicht. Aber was passiert, wenn er oder sie dazuverdient?«

Wird der Zuschuss eins zu eins gestrichen, dann beträgt der Steuersatz für das Arbeitseinkommen 100 Prozent; es gibt dann gar keinen Anreiz zur Erwerbsbeschäftigung. Selbst wenn nur 50 Prozent für jeden dazuverdienten Euro abgezogen werden, ergibt sich ein sehr, sehr hoher Grenzsteuersatz, der schlecht und sogar normal bezahlte Arbeiten höchst unattraktiv macht – oder die Menschen in die Schwarzarbeit drängt.

Damit der Anreiz zum Arbeiten nicht verschwindet, müsste das Grundeinkommen selbst bei hohem Zuverdienst erhalten bleiben. Diesem Prinzip folgen Sozialleistungen wie die Familienbeihilfe, die nicht ans Einkommen gekoppelt sind. Doch diese sind, gerade weil sie jeder erhält, sehr teuer.

»Ein bedingungsloses Grundeinkommen, bei dem Erwachsene 1.000 Euro und Kinder 800 Euro im Monat erhalten, würde bei acht Millionen Österreichern rund 80 Milliarden Euro kosten, das ist mehr als das gesamte Bundesbudget. Selbst wenn man die Basispensionen abzieht, die ja dadurch abgedeckt werden würden, wären die Summen weiterhin riesig.

Um das zu finanzieren, müssten die Steuern auf Einkommen und Vermögen massiv steigen. Auch das würde den Anreiz zum Arbeiten reduzieren.

Aus diesem Dilemma kommt kein Modell für ein Grundeinkommen heraus.« (Quelle: »Standard.at«)

Ähnlich kontraproduktive Wirkungen und Nebenwirkungen verursachen auch regelmäßig staatliche Begrenzungen von Wohnungsmieten, ein Lieblingsspielzeug linker Parteien in Deutschland wie Österreich. In Wien etwa leben noch immer zehntausende Menschen in Wohnungen mit alten, gesetzlich gedeckelten Mietverträgen zu Spottpreisen in allerbesten Lagen – hundert Euro für hundert Quadratmeter sind in diesen Fällen keine Seltenheit, was nicht einmal ein Zehntel des Marktpreises derartiger Unterkünfte ausmacht.

Nun mag es zwar sozial erscheinen, dass Menschen zu derart erfreulichen Konditionen wohnen können, doch die Zeche dafür zahlen natürlich alle Mieter, die entsprechend höhere Mieten berappen müssen, damit die zum Erhalt und Betrieb eines Hauses notwendigen Erträge erwirtschaftet werden. Was wie eine soziale Maßnahme – Mieterschutz! – aussieht, ist in der Praxis außerordentlich unfair, ungerecht und asozial.

Wo »sozial« draufsteht, ist eben sehr oft »unsozial« drinnen. Das ist freilich all jenen Politikern herzhaft egal, denen es bloß darum geht, sich mit dem Attribut »sozial« schmücken zu können – und die sich darauf verlassen können, dass die meisten Wähler nicht durchschauen, was für ein Etikettenschwindel mit diesem Kampfbegriff getrieben wird.

III. Warum die Malaria in Afrika gute Zukunftschancen hat, wenn wir den Afrikanern hunderttausende Moskitonetze schenken: Entwicklungshilfe als effizientes Konzept, Entwicklung in armen Regionen nachhaltig zu blockieren.

Ein bitterarmes Dorf, irgendwo im schwarzen Herzen Afrikas. Der gefährlichste Feind, der noch immer jedes Jahr einige Dorfbewohner das Leben kostet, ist die Malaria. Der beste Schutz gegen jene Moskitos, die Malaria übertragen, sind noch immer einfach herzustellende Netze.

Produziert werden diese Netze vor Ort in Handarbeit von einem kleinen lokalen Unternehmer, der zehn Menschen mit der Herstellung der Moskitoabwehr beschäftigt. Und wie in Afrika üblich, ernährt jeder dieser zehn Arbeiter mit seinem schmalen Lohn ungefähr zehn Verwandte und Familienmitglieder. Keine perfekte, aber eine halbwegs funktionierende Organisation also, um die Malaria einigermaßen, wenn auch nicht völlig, unter Kontrolle zu halten und andererseits Menschen Arbeit zu geben, die sonst keine hätten.

Bis eines Tages das Unglück in Gestalt irgendeines Popstars, der sich um Afrika (und die Promotion seiner Tonträger) sorgt, hereinbricht. Dann filmen Fernsehteams das Elend ab, Bilder gehen um die Welt, Spendenaufrufe werden veröffentlicht, Brieftaschen geöffnet – und nach ein paar Wochen schweben schwere Transporthelikopter ein und werfen 100.000 Moskitonetze aus chinesischer Produktion ab, finanziert von gutwilligen Menschen im Westen.

Das hat bedauerlicherweise zur Folge, dass nun niemand mehr die Netze aus lokaler Produktion kaufen mag. Der Netzhersteller geht pleite, seine zehn

Mitarbeiter verlieren ihren Job, 150 Menschen sind in der Folge ohne finanzielle Ressource und müssen betteln, Almosenempfänger irgendeiner westlichen Charity werden oder verhungern.

Und ein paar Jahre später, wenn die geschenkten Netze längst kaputtgegangen sind, hat auch die Malaria ihren Spaß: weil dann niemand im Ort mehr vorhanden ist, der Moskitonetze produziert.

Die Ökonomin Dambisa Moyo, selbst gebürtige Afrikanerin, erfolgreiche Investmentbankerin und Entwicklungsexpertin, berichtet gerne von diesem – tatsächlich so eingetretenen – Fall, wenn sie nach der Sinnhaftigkeit von Entwicklungshilfe gefragt wird.

»*Entwicklungshilfe ist tödlich*«, behauptet sie. »*Sie gehört innert einer Übergangsphase von fünf Jahren abgeschafft. Ich bin offen für eine Diskussion, wie lange diese Übergangsphase sein soll. Wichtig ist jedoch, dass die Politiker wissen, dass es kein Geld mehr gibt. Es ist nicht wünschenswert, dass sich die afrikanischen Regierungen zurücklehnen und auf Entwicklungshilfegelder warten.*«

Seit Anfang der 1960er-Jahre, so ihr Argument, seien unvorstellbare 2.000 Milliarden Dollar von den reichen in die armen Länder geflossen, und trotzdem stehen große Teile Afrikas heute ökonomisch nicht besser da als damals. Heute leben 70 Prozent der Einwohner Afrikas unter der Armutsgrenze von zwei Dollar Tageseinkommen, am Beginn der großen Ära der Entwicklungshilfe waren es bloß 10 Prozent.

»Die Frage ist nicht, warum diese Länder nicht weiter sind, trotz der jahrzehntelangen Entwicklungshilfe. Die Antwort ist: wegen ihr«, urteilt Frau Moyo. *»Das fundamentale Problem ist, dass die Entwicklungshilfe keine Jobs geschaffen hat, sondern das Gegenteil bewirkte, sie zerstörte. Entwicklungshilfe produziert Inflation, Schulden, Bürokratie und Korruption. In ein solches Land wollen Unternehmer nicht investieren und dort Jobs schaffen. Machen Sie ein Land abhängig von Hilfe, dann nehmen Sie die Karotte weg und den Prügel: Niemand wird bestraft, wenn er nicht innovativ ist, denn die Hilfe fließt trotzdem. Und niemand wird belohnt, wenn er sich anstrengt.«* (Quelle: »WeltWoche«)

Das erinnert uns ein wenig an die *Unintended Consequences* und den Kollateralschaden des überbordenden Sozial- und Wohlfahrtsstaates, der im eigenen Land die gleichen negativen Auswirkungen hat wie die Entwicklungshilfe in fremden Ländern: Trägheit und Antriebslosigkeit werden belohnt; Innovation, Anstrengung und Leistungsbereitschaft dagegen pönalisiert. Alle gewöhnen sich an die Hilfe vom Staat, der dazu eine gewaltige und sündhaft teure Bürokratie durchfüttern muss. Und irgendwann wird nicht mehr die Beseitigung von Armut Hauptziel dieser Bürokratie, sondern deren Verwaltung, weil damit zahllose gut bezahlte Jobs in der Armutsadministration ad infinitum erhalten bleiben. Entwicklungshilfe wird so zum außenpolitischen Arm der sozialstaatlichen Umverteilungskrake.

Dabei ist die Branche der Entwicklungshilfe ähnlich aufgebläht wie die inländische Wohlfahrt. Schätzungsweise 370.000 Nichtregierungsorganisationen rund um die Welt kümmern sich in irgendeiner Form um derartige Hilfsprojekte, vorzugsweise in Afrika. Dabei dürfte diese Mitleidsindustrie deutlich mehr als hundert Milliarden Dollar Jahresumsatz verbuchen; welcher Teil davon tatsächlich den Hilfsbedürftigen zugute kommt, weiß niemand genau zu sagen.

Regelmäßig profitieren hingegen smarte Westler von der vermeintlich selbstlosen Hilfe, wie der deutsche Entwicklungsexperte Johannes Michael Nebe von der Uni Trier am Beispiel Somalias aufzeigt:

»In Somalia wurden (...) Überschussproduktionen an Getreide aus den USA eingeflogen, um kurzfristig zu helfen. Die Profiteure dieser Hilfe sind vor allem die US-amerikanischen Farmer, denen die Regierung ihre beabsichtigte Überproduktion abkauft, um diese dann mit der Aufschrift auf den Getreidesäcken ›Geschenk von der amerikanischen Bevölkerung‹ in die Hungergebiete in Afrika zu transportieren. Erstens sind das versteckte Subventionen für amerikanische Bauern, die aus dem Entwicklungshilfe-Fonds der USA bezahlt werden. Zweitens ruinieren diese kostenlosen Hilfstransporte des Westens langfristig die lokalen Märkte in Afrika und wirken deshalb kontraproduktiv. In Notzeiten konnten sich die afrikanischen Regierungen jeweils auf die Hilfe der ›westlichen Samariter‹ verlassen, ohne eigene Anstrengungen einer rechtzeitigen Vorsorge für derartige, in ge-

wissen Abständen immer wiederkehrende Dürreperioden unternehmen zu müssen.« (Quelle: »n-tv«)

Dass Entwicklungshilfe vielleicht gut gemeint, aber in aller Regel das Gegenteil von gut gemacht ist, behaupten mittlerweile immer mehr Fachleute auf diesem Feld, interessanterweise auch und vor allem afrikanische Entwicklungsexperten.

»Entwicklungshilfe ist nicht die Lösung, sie ist das Problem«, meint etwa der ugandische Journalist und ehemalige Weltbank-Berater Andrew Mwenda, Gründer und Chef des ugandischen »The Independent«, in der schweizerischen »WeltWoche«. Nur dank der Hilfsgelder könnten sich inkompetente und korrupte Regierungen in Afrika an der Macht halten. Diese nutzten das Geld aus dem Ausland nicht, um die Entwicklung ihres Landes voranzutreiben, *»sondern um sich zu bereichern und politisch zu überleben«*. Die Armen in Afrika sähen davon bestenfalls *»die Krümel, die vom Tisch fallen«*, so Mwenda, der als Afrikaner nicht eben unter dem sonst üblichen Rassismusverdacht stehen wird.

Ganz ähnlich sieht das die schweizerische Ökonomin Beatrice Weder di Mauro, Verwaltungsrätin der Großbank UBS und langjähriges Mitglied des Sachverständigenrates der deutschen Bundesregierung.

»Es lässt sich nicht nachweisen, dass (die Entwicklungshilfe, Anm.) die wirtschaftliche Entwicklung gefördert oder die Lebensqualität signifikant verbessert hätte«, schrieb

Weder di Mauro im September 2000 in der »Außenwirtschaft«, der schweizerischen Zeitschrift für internationale Wirtschaftsbeziehungen. Sie wertete die statistischen Daten für hundert Länder über einen Zeitraum von 35 Jahren aus und kam zum Schluss, dass »*Länder mit höherer Entwicklungshilfe tendenziell sogar ein schlechteres Wirtschaftswachstum hatten*«. (Quelle: »WeltWoche«)

Unter anderem, weil Hilfe aus dem Westen den »Gier-Effekt« (Weder di Mauro) fördert: Je mehr Geld in ein beliebiges afrikanisches Elendsland fließt, um so härter und vor allem korrupter streiten die lokalen Eliten um das größte Stück von der Milliarden Dollar schweren Beute. Doch je korrupter ein Land wird, um so weniger attraktiv ist es für Investoren und um so schwächer wird die Wirtschaft dieses Landes. Dazu kommt, dass Entwicklungshilfegelder leicht umgeleitet werden können. Wenn etwa Deutschland Milliarden für die Errichtung von Schulen oder Kliniken spendet, kann dies flugs dazu führen, dass lokale Potentaten ihre Budgets für diese Bereiche dementsprechend kürzen und die so frei gewordenen Mittel für neue Panzer und Kampfhelikopter verwenden, argumentiert die Ökonomin Weder di Mauro.

Entwicklungshilfe, spottet deshalb William Easterly, Professor für Ökonomie und Afrikanistik an der New York University, sei »*ein Wohlfühlprogramm für die reichen Länder*«. Dieses Wohlfühlprogramm funktioniere für alle – außer für jene, für die es angeblich gedacht sei, die Armen Afrikas.

Dass Entwicklungshilfe mitunter sogar die finanzielle Grundlage für gediegene kleine Massaker an der Zivilbevölkerung sein kann, hat die niederländische Journalistin Linda Polman auf ihren vielen Recherchereisen in die Bürgerkriegszonen Afrikas feststellen müssen. Denn dafür, dass sie Hilfstransporte mit Nahrung und Medikamenten an die notleidende Bevölkerung erlauben, kassieren lokale Warlords, korrupte Regierungstruppen und andere Wegelagerer Schutzgelder, besonders gerne in Form von Waffen. Wer das unethisch findet und nicht zahlt, wird als NGO eben nicht in das Krisengebiet gelassen und unterminiert in der Folge letztlich auch das Spendenaufkommen für die eigene NGO. Hilfsorganisationen erörtern dieses Problem naturgemäß eher ungerne, aber leider gilt in Wahrheit: Wer spendet, finanziert damit fast immer auch die Urheber von humanitären Katastrophen. *»Die wachsende Zahl der Hilfsorganisationen und der steigende Wert der Hilfsgüter und -dienste macht humanitäre Hilfe zu einer immer wichtigeren Auffüllung der Kriegskassen. Ihre große Zahl und die Menge an Geld, die sie in Ländern ohne andere Einkommen ausgeben, macht die Hilfsindustrie zu einer Macht, (...) die potenziell tödlich ist in der Hand des Feindes.«* (Linda Polman, »Die Mitleidsindustrie«)

Derartige moralische Dilemmata, so hat Polman in den Elendslöchern Afrikas beobachtet, erfordern bei den weißen Helfern einen besonderen therapeutischen Ansatz, um nicht des Trübsals Beute zu werden. »*Die humanitäre Hilfsgemeinschaft hat keinerlei Hemmungen, sich in Kriegs- und Krisenländern als internationaler Jetset im Urlaub zu präsentieren. Ihre Land Cruisers parken in zerschossenen Städten jeden Abend in Doppelreihen vor den Restaurants, Kneipen und Discos. Wo sie hinkommen, blüht umgehend die Prostitution auf. Auf den Barhockern (...) sitzen oft blendend bezahlte Diplomlandwirte, Fachleute für Millenniumsziele oder Genderexperten mit heimischen Teenager-Mädchen auf dem Schoß.*«

Diese Teenagermädchen werden übrigens in dem einen oder anderen Fall Opfer einer anderen Intervention westlicher Wohlmeinender mit hoher Weltverbesserungsaffinität sein: Nicht nur die Entwicklungshilfe, auch der Kampf gegen die Kinderarbeit in der Dritten Welt folgt in vielen Fällen dem Prinzip der paradoxen Sozialarbeiterintervention: Was das Leid der Menschen lindern soll, verstärkt es als Ergebnis der gut gemeinten Einmischung von außen. Einziger Profiteur ist der Wohlmeinende aus dem Westen, dessen emotionaler Haushalt vom erhebenden Bewusstsein, zu den Guten zu gehören, ganz famos profitiert.

Ganz im Gegensatz zu den betroffenen Kindern freilich, wie der deutsche Soziologe Manfred Liebel in seinem bemerkenswerten Essay »Dem gesinnungsethischen Reflex widerstehen« anschaulich an einem Fall aus Bangladesch beschreibt.

»Im Jahr 1993 beschloss der US-Senat ein Gesetz zum Importverbot von Produkten, die unter Einsatz von Kinderarbeit hergestellt wurden. Es geht auf eine Initiative des Senators Tom Harkin zurück, der damit dem Drängen US-amerikanischer Gewerkschaften, religiöser Gruppen und NGOs folgte, die Kinderarbeit in der Textilindustrie Bangladeshs zu unterbinden«, berichtet Liebel. *»Die in den späten 1970er Jahren entstandene Textilindustrie Bangladeschs gehört seit Beginn der 1990er Jahre zu den bedeutendsten Exportindustrien des Landes. Zu diesem Zeitpunkt beschäftigte sie etwa 750.000 Frauen und Mädchen – ca. 10 Prozent von ihnen unter 14 Jahren. Der relativ hohe Anteil an Kinderarbeit erklärt sich zumindest teilweise aus dem hohen Anteil weiblicher Arbeitskräfte. ›Die weit verbreitete Armut, fehlende Verdienstmöglichkeiten und der Mangel an Kinderbetreuungseinrichtungen und Schulen übten großen Druck auf die Frauen aus, nicht nur Arbeit für sich selbst zu suchen, sondern auch einen sicheren Aufenthalts- und Beschäftigungsort für ihre älteren Kinder zu finden.‹ (Quddus 1999, S. 83)*

Unter dem Druck der Bangladesh Garment Manufacturers and Exporters Association, die infolge des Child Labor Deterrence Act und skandalisierender Medienberichte über Kinderarbeit in der Textilindustrie Bangladeshs einen US-amerikanischen und sogar weltweiten Handelsboykott befürchteten, wurden auf einen Schlag 55.000 Mädchen entlassen. Etliche Frauen mussten auch ihre Arbeit aufgeben, weil sie ihre Töchter nicht unbeaufsichtigt zu Hause lassen konnten. Eine im Auftrag von UNICEF und ILO durchgeführte Nach-

folgestudie zeigte deutlich die negativen Konsequenzen. Nicht eines der 115 befragten Kinder war zur Schule zurückgekehrt, die Hälfte hatte eine andere Beschäftigung gefunden – hauptsächlich auf der Straße und in Haushalten, oder sie mussten sich gar als Prostituierte verdingen.«

So gesehen hat freilich auch die Entwicklungshilfe ihre guten Aspekte –, indem sie wenigstens ermöglicht, dass die von den einen wohlwollenden Westlern um ihr karges Einkommen gebrachten Minderjährigen diese finanziellen Ausfälle auf dem Schoß von anderen wohlwollenden Westlern, etwa westlichen Fachleuten für Millenniumsziele, in einer Bar irgendwo in Schwarzafrika wieder kompensieren können.

Bemerkenswert ist in diesem Zusammenhang übrigens auch, wie sehr die hohe Warte scheinbarer moralischer Überlegenheit jener, die den in Afrika versenkten Milliarden Dollar immer neue Milliarden hinterherschicken wollen und die nicht einsehen können, dass sie damit mehr Leid erzeugen als solches lindern, gegen jede Erkenntnis immunisiert. Was als moralisch und ethisch hochwertig empfunden wird, kann durch Tatsachen nicht erschüttert werden. Es beweist sich einmal mehr: Emotionen können nun mal nicht durch schnöde Fakten widerlegt werden.

Das zeigte sich auf deutliche Art und Weise, als im September 2013 über 300 afrikanische Migranten vor der italienischen Insel Lampedusa ertranken, bevor sie sicheren Boden in Schengenland gewinnen konnten.

Darüber, dass sich dergleichen nie mehr wieder ereignen sollte, waren sich in der Folge ja alle irgendwie einig, was auch sonst. Als hartleibiger Menschenverachter wurde in der darauf folgenden öffentlichen Erörterung jedoch sofort stigmatisiert, wer das einzig Vernünftige forderte, nämlich die staatlichen nämlich die staatlichen *Search and Rescue*-Kräfte in der kritischen Gegend am Südzipfel der Europäischen Union so massiv zu verstärken, dass Schiffbrüchige aller Motivlagen mit an Sicherheit grenzender Wahrscheinlichkeit und unter allen nur denkbaren Umständen aus dem Wasser gefischt werden können, bevor sie absaufen.

Staatdessen forderten die Wohlmeinenden des politmedialen Milieus sofort, Europa möge sich »öffnen«. »*Die Flüchtlinge sind die Botschafter des Hungers, der Verfolgung, des Leids*«, echauffierte sich in der »Süddeutschen« Heribert Prantl. »*Doch Europa mag diese Botschafter nicht aufnehmen und nicht empfangen. Die europäischen Außengrenzen wurden so dicht gemacht, dass es dort auch für Humanität kein Durchkommen mehr gibt.*« Und auch der in diesen Dingern immer zuverlässige Wiener »Standard« schrieb: »*Europa, vom Politiker bis hin zum Bürger, muss wieder lernen, sich zu öffnen und jenen zu helfen, die Hilfe brauchen.*«

Nun fühlt man sich sicher wesentlich besser, wenn man nicht bloß die Anschaffung von ein paar Dutzend banalen Rettungshubschraubern und Bergungsbooten für die Unionsgrenze Süd fordert, sondern gleich in

Euphorie à la »alle Menschen werden Brüder« versinkt und ganz Europa »öffnen« will (unabhängig davon übrigens, ob das Europa eigentlich will).

Stellt sich bloß die unbedeutende kleine Frage, was mit dieser »Öffnung« Europas eigentlich genau gemeint ist. Sollte es nicht eine bloße leere Worthülse zur eigenen moralischen Erbauung ohne jeden Inhalt sein, kann darunter ja wohl nur die Öffnung der Grenze Italiens, Griechenlands oder Spaniens für reisewillige Afrikaner gemeint sein.

Und zwar für alle Afrikaner, wenn nicht der Genosse Prantl von der »Süddeutschen« künftig die »Wacht von Lampedusa« geben will, die durch gesenkten oder erhobenen Daumen darüber entscheidet, für welche Afrikaner Europa sich »öffnet« und welche doch eher wieder auf den illegalen Seeweg verwiesen werden.

Man kann diesen Standpunkt natürlich vertreten. Man muss dann freilich auch akzeptieren, welche Konsequenzen er hätte. Denn selbst konservativ geschätzt, etwa anhand früherer Armutsauswanderung von Europa nach Amerika, könnte ein geöffnetes Europa locker 50–100 Millionen Afrikaner (von insgesamt weit über einer Milliarde) auf die Idee bringen, den Weg in die EU anzutreten; also ein Fünftel der momentanen Bevölkerung Europas.

Das freilich bedeutete, dass etwa in Deutschland 7–15 Millionen und in Österreich etwa 600.000–1,5 Millionen Schwarzafrikaner die angestammte Kultur bereichern würden; die meisten von ihnen wohl ohne hierzulande verwertbare Ausbildung, dafür aber mit gänzlich anderen kulturellen, religiösen und mentalitätsmäßigen Grundierungen.

Man muss kein Rassist oder auch nur Kulturpessimist sein, um zu ahnen, welche Folgen dies hätte. Die sozialen Systeme Deutschlands wie Österreichs würden innerhalb kürzester Zeit kollabieren, bürgerkriegsähnliche Zustände und Lynch-Stimmung in der Bevölkerung wären die Folgen. Dass eine derartige »Öffnung Europas« demokratisch legitimiert zustande kommen könnte, kann mit Sicherheit ausgeschlossen werden, weswegen sie nur auf nicht-demokratischem Wege erzwungen werden könnte.

Aber das war all jenen, die sich im Besitze vermeintlich moralisch überlegener Rezepte zur Verbesserung der Menschheit wähnten, schon immer ziemlich egal.

Dass jemandem angesichts von Tragödien wie jener vor Lampedusa die Tränen kommen, mag menschlich verständlich sein. Sich von diesen Tränen aber den Blick auf die Wirklichkeit vernebeln zu lassen, hilft genau niemandem; nicht den Afrikanern, die sich nach einem besseren Leben sehnen, und nicht den Europäern, die ein Recht darauf haben, über Migration in ihr Territorium selbst und demokratisch zu entscheiden.

Nur wer zu heulen aufhört, kann klaren Blick auf die Realität gewinnen.

Wie günstig sich das auswirken kann, ist neuerdings am Beispiel der afrikanischen Modeindustrie zu beobachten, die gerade eine international Aufmerksamkeit erregende Renaissance erlebt. Schwarze Models führen auf umjubelten »African Fashion Weeks« moderne Mode aus dem schwarzen Kontinent vor, die von der Kritik durchaus wohlwollend aufgenommen wird. Sie knüpfen damit an eine Jahrhunderte alte Tradition der Herstellung qualitativ hochwertiger Textilien wie Bogolan, Kente und Adinkra in West- und Zentralafrika, Kitenge, Shuka Massai, Sisal und Raffia in Ost- und Südafrika an.

In den 1980er- und 1990er-Jahren jedoch strömten immer mehr Second-Hand-Textilien aus Europa und den USA nach Afrika, bereitgestellt von hilfsbereiten Menschen aus den reichen Staaten des Nordens und von NGOs gen Afrika verfrachtet und spottbillig abgegeben.

Was zur Folge hatte, dass dort die einheimische Textilwirtschaft weitgehend kollabierte. *»Die Second-Hand-Bekleidung, die bis heute im Vergleich zur lokalen Kleidungsproduktion wenig kostet, hat in dreißig Jahren Millionen von Arbeitsplätzen vernichtet«*, bilanziert der Wiener Autor und Afrikaexperte Simon Inou. *»80 Prozent der Arbeitsplätze von 1975 bis 2000 in Ghana, 60 Prozent zwischen 1980 und 2002 in Sambia. In Nigeria, dem bevölkerungsreichsten Land Afrikas, verloren von 1970er bis Ende der 1990er-Jahre mehr als 80 Prozent der vormalig 200.000*

Beschäftigten ihren Arbeitsplatz in der Textilindustrie.« Deshalb gingen im letzten Jahrzehnt immer mehr afrikanische Staaten dazu über, derartige Importe von getragener Kleidung hilfsbereiter Menschen aus dem Westen einfach zu verbieten. Das ist zwar, gemessen an der reinen Lehre des freien Wettbewerbs, etwas problematisch, funktioniert aber bestens. Wo der Import der Spenderkleider unterbunden worden ist, floriert die einheimische Textilwirtschaft wieder. Ganz ohne Sozialingenieure und wohlmeinende Helfer entstehen hier wieder Jobs, Einkommen und ein Stück soziale Sicherheit. An die Stelle von Mitleid und Almosen treten Selbstständigkeit und sogar schon ein Hauch Glamour. Nicht ohne Stolz berichtet Afrikakenner Inou: *»Louis Vuitton hat die Stoffart Shuka Massai in seiner Frühling/Sommer Kollektion 2012 eingebunden, Burberry hat für seine Linie Prorsum – genauso wie die Marni Kollektion von H&M – in der Modesaison 2012 die ostafrikanische Stoffart Kitenge verarbeitet.«*

Beeindruckend, was alles möglich wird, wenn erst einmal die Europäer und Amerikaner aufhören, ihr Bedürfnis nach moralischer Überlegenheit an den Afrikanern auszuleben.

IV. Ein hochkomfortabler Wohlfahrtsstaat mit einer Einwanderungspolitik nach den Wünschen und Ideen der Wohlmeinenden – noch verlässlicher lassen sich bürgerkriegsähnliche Zustände kaum herbeiführen.

Schweinefleisch war gestern, zumindest was den Speiseplan von immer mehr dänischen Kindergärten betrifft. Der leckere Braten steht dort nicht mehr auf dem Menü, sondern auf dem Index verbotener Substanzen.

Manche Institutionen gehen noch weiter, berichtete die Onlinezeitung »nordschleswiger.dk«: *»In Kopenhagen gibt es Einrichtungen, die neben einem Verbot von Schweinefleisch an Kindergärten auch nur Fleisch von Tieren anbieten, die durch einen Halsschlagader-Schnitt getötet wurden.«*

Grund für diese nicht eben landestypische Diät, auf die immer mehr kleine Dänen umgestellt werden, ist nicht etwa besondere Sorge um ihre richtige Ernährung. Dass Schwein immer seltener verabreicht wird, liegt vielmehr an der Zunahme der Anzahl von Kindern muslimischer Eltern, die ihre Kinder den Gesetzen ihrer Religion entsprechend nicht mit dem als unrein geltenden Schweinefleisch kontaminiert haben wollen.

Weil auch in Dänemark die Wohlmeinenden und die staatlichen Sozialingenieure dem Wohlbefinden mancher etwas sensiblen Muslime ganz besonders verpflichtet sind, und um das Projekt der kulturellen Bereicherung nicht durch irgendwelche Misstöne zu gefährden, wird also die Mehrheit der traditionell durchaus schweinefleischaffinen kleinen Dänen (Wurst!) nun mehr oder weniger zwangsweise auf die muslimische Diät umprogrammiert. Offiziell wird das natürlich nicht ganz so ausgesprochen. Die Kindergartenleiterin Helle Jensen aus dem kleinen Ort Ishøj etwa argumentierte, dies sei die einzig richtige Entscheidung, um »Ungerechtigkeit« zu vermeiden: *»Die gemeinsamen Mahlzeiten sind ein wichtiges Element in Alltag jedes einzelnen Kindes. Wenn man zum Essen zusammen an einem Tisch sitzt, ist dies für die Kinder ein besonderes Erlebnis. Es ist daher von unserer Seite aus wichtig, dass wir alle Kinder gleich behandeln und alle Kinder das gleiche bekommen. Es soll sich niemand benachteiligt oder gar ungerecht behandelt fühlen.«*

So kann man das natürlich auch sehen. Dass man es, wie nicht eben wenige nichtmuslimische dänische Eltern freilich auch als eher ungerecht verstehen kann, wenn sich die Mehrheit letztlich in ihren Lebensumständen nach einer offenkundig ganz besonders empfindsamen Minderheit richten muss, gilt im Milieu der Wohlmeinenden als reaktionäre, unschickliche Haltung. Wer das nicht akzeptieren will, steht schneller als xenophober Finsterling da, als die Frau Kindergartenleiterin »Schweinebraten« sagen kann.

Dabei wird die traditionelle dänische Art, Fleisch zu verarbeiten, in Dänemark von der Wiege bis zur Bahre langsam zum Minderheitenprogramm. So hat eines der größeren Krankenhäuser Dänemarks erklärt, dass es ausschließlich Fleisch serviere, das aus einer Schlachtung stammt, die den strengen islamischen Richtlinien entspricht – und zwar an alle Patienten, gleich ob sie Muslime sind oder Christen oder sonst was.

»Der nächste Schritt könnte sein, dass dänische Krankenschwestern gezwungen werden, sich als Musliminnen zu verkleiden um die muslimischen Patienten zufriedenzustellen«, höhnte nicht ganz grundlos Martin Henriksen, Sprecher der rechtspopulistischen Dänischen Volkspartei.

Episoden dieser Art sind im Europa des 21. Jahrhunderts geradezu alltäglich geworden. Im britischen Portsmouth etwa beklagte sich im Frühling 2013 eine Mutter bei der lokalen Zeitung darüber, ein Lehrer der Charles-Dickens-Schule, die ihr zehnjähriger Sohn besucht, habe dem Knaben untersagt, während des Unterrichts einen Schluck Wasser zu sich zu nehmen. In Folge der damals vorherrschenden, für britische Verhältnisse geradezu tropischen Temperatur von mehr als 28 Grad Celsius wäre ihr Sohn fast dehydriert nach Hause gekommen, empörte sich die Frau.

Auch hier haben wir es mit einem Fall von sogenannter Gerechtigkeit zu tun. Denn das Wasser ist dem Knaben verweigert worden, so die Darstellung der Schulleitung, weil die hohen Außentemperaturen dummerweise just während des islamischen Fastenmonats Ramadan ausgebrochen wären. Die zahlreichen muslimischen Schüler aber trinken während des Ramadan in der Schule oft kein Wasser, was wiederum zu Kopfweh und Konzentrationsstörungen führt. Es sei, so erklärte eine Lehrerin der Mutter gegenüber, daher *eine Frage der Gerechtigkeit,* dafür zu sorgen, dass eben auch nichtmuslimische Kinder während des Ramadans im Unterricht kein Wasser zu sich nehmen, sie wären ja sonst angesichts ihrer besseren körperlichen Verfassung – keine Kopfschmerzen, beste Konzentrationsfähigkeit – den muslimischen Kindern gegenüber leistungsmäßig im Vorteil. Und das sei doch höchst ungerecht.

Eine bemerkenswerte Interpretation des Begriffes Gerechtigkeit musste auch jene Bürgerin von Paris erfahren, die im Sommer 2010 in ihrem Stadtteil, dem Viertel Goutte-d'Or, ein Straßenfest veranstalten wollte, mit Wurst und Rotwein für alle, in Frankreich ja durchaus landesübliche Genussmittel.

Doch Goutte d'Or ist eine Gegend mit zahlreichen Muslimen, die am Freitag, dem Tag, an dem die auf Facebook beworbene Fete stattfinden sollte, gerne auf offener Straße beten, weil es nicht ausreichend viele und ausreichend große Moscheen in der Nachbarschaft gibt. Die öffentliche Ausspeisung war durchaus als politisches Statement gedacht. Die Organisatorin erklärte nämlich öffentlich, sie wollte mit der Rotwein-Sause auch dagegen protestieren, dass der Islam immer stärker in die französische Gesellschaft eindringe und traditionelle Wertvorstellungen in ihrer Wohngegend dabei auf der Strecke blieben. Irgendeine Verbindung zur extremen politischen Rechten habe sie nicht, fügte sie vorsichtshalber ungefragt hinzu.

Das hat ihr freilich auch nichts genützt, die französische Polizei untersagte das Fest, und zwar mit der

Begründung, die Muslime könnten sich durch das öffentliche Ausschenken von Alkohol (Rotwein) und den ebenso öffentlichen Verzehr von Schweinefleisch provoziert fühlen.

Noch einen Schritt weiter geht die Brüsseler Polizei. Deren Beamte werden, wenn auch eher am informellen Dienstweg, während des Ramadans regelmäßig daran erinnert, wie unschicklich es ist, in den stärker muslimisch geprägten Vierteln der EU-Hauptstadt den mittäglichen Hunger mit dem öffentlichen Verzehr von Fritten zu bekämpfen oder gar eine Zigarette zu rauchen.

Man kann all das als besondere Höflichkeit einer Mehrheitsgesellschaft gegenüber einer besonders empfindsamen Minderheit verstehen.

Man kann das freilich auch als völlig unbegründetes, feiges und weinerliches Appeasement gegenüber einer nicht eben rasend toleranten Weltanschauung betrachten, deren Anspruch es ist, alle Aspekte des Lebens in ihrem Sinne zu gestalten, darin genauso totalitäre Ideologie wie spirituelle Kraft.

Problematisch ist dieses Appeasement nicht zuletzt deshalb, weil es wie jedes Appeasement dazu neigt, immer neue Forderungen nach Berücksichtigung der besonderen Befindlichkeiten, Bedürfnisse und Sensibilitäten zu generieren.

So beobachtete etwa Henryk M. Broder in der Tageszeitung »Welt« im Oktober 2011: »*Eine islamische Orga-*

nisation in Dänemark, die sich ›Ruf zum Islam‹ nennt, hat die Einführung von ›Scharia-Zonen‹ in von Muslimen bewohnten Gebieten des Landes gefordert. Zuerst in Tingbjerk, einem Vorort von Kopenhagen, dann in Nörrebro, mitten in der Hauptstadt, und später in weiteren Vierteln mit muslimischer Bevölkerung.

In diesen Enklaven sollte eine Art ›Moralpolizei‹ rund um die Uhr darauf achten, dass kein Alkohol konsumiert wird, keine Glücksspiele stattfinden und Diskotheken nicht besucht werden. Ungesagt blieb, ob diese Restriktionen nur für Muslime oder alle Einwohner der genannten Viertel gelten sollten.

Gruppen mit ähnlichen Absichten agieren inzwischen ganz offen in Großbritannien, Belgien, Frankreich und Spanien. Auch in deutschen Städten fällen ›Scharia-Richter‹ bei Konflikten unter Muslimen ›Urteile‹ nach den Regeln des Islam.

Nun käme kein Mensch auf die Idee, in Deutschland lebenden Italienern – beziehungsweise Deutschen mit italienischem Migrationshintergrund – das Recht einzuräumen, ihre Streitigkeiten nach den Regeln der Cosa Nostra austragen zu dürfen. Täten sie es doch, bekämen sie es mit der regulären Justiz zu tun. Allein die Debatte über ein solches ›Recht‹ wäre eine Absurdität. Bis jetzt hat auch niemand vorgeschlagen, den Verkauf von Schweinefleisch aus Rücksicht auf die Gefühle von Juden einzustellen oder Kühe für unantastbar zu erklären, um die Integration der in Deutschland lebenden Hindus nicht zu erschweren.«

Mit den in Deutschland oder Österreich lebenden Muslimen verhält es sich hingegen etwas anders. Regelmäßig berichten Lehrer, dass traditionelles Kulturgut wie etwa Weihnachtsbäume- oder Lieder abgeschafft werden, um muslimische Kinder »nicht zu benachteiligen«. Auch Engel zu zeichnen, kommt für die Kleinen zu Weihnachten nicht mehr in Frage. Spottet ein betroffener Lehrer: »*Wir rätseln: Was sollen die Kinder denn malen? Maria und Jesus geht nicht. Krippe geht nicht. Kerze? Christkind? Nein, das ist noch weniger kultursensibel. Ein Chanukka-Leuchter wäre weltanschaulich ebenfalls nicht neutral. Wir diskutieren, ob der Weihnachtsmann wirklich christlich ist oder einfach nur ›nett‹. Aber Nikolaus ist ja katholisch – der geht also auch nicht. Endlich hat ein Kollege die zündende Idee: ›Der Coca-Cola-Truck, Leute!‹*« So kann man das Problem natürlich auch lösen.

Einen etwas realitätsnäheren Rat gibt uns hingegen der mit einschlägigen Problemmilieus nun durch und durch vertraute Berliner SPD-Politiker Heinz Buschkowsky: »*Sie werden niemanden finden, der sagt, er sei gegen die Verfassung, gegen die Menschenrechte und dafür, dass er seine Familie zu Hause prügeln kann. Die Frage ist doch: Wie lebt ein Mensch und wie führt er seine Kinder in diese Gesellschaft. Da darf es für meine Begriffe kein Aufweichen geben: Wir haben in Westeuropa ein demokratisch-pluralistisches Gesellschaftssystem entwickelt. Da geht es um Freiheit und Respekt für den Einzelnen. Nun gibt es Gesellschaftsordnungen, die anders aussehen. Aber da darf es keinen Kulturrelativismus geben. Wir sind eine Gemeinschaft mit einem bestimmten Verhaltenskodex. Wer dazukommt, muss diese Werte übernehmen. Wer in einen Fußballverein eintritt, kann dort auch nicht Handball spielen. Deshalb sind für mich zum Beispiel die Vielehen, die nur vor einem Imam und nicht vor dem Standesamt geschlossen werden, keine kulturelle Identität, sondern Vielweiberei. Und die ist bei uns verboten. Es darf keine ›ethnischen Rabatte‹ geben.«* (Quelle: »Presse«)

Das sehen freilich manche Muslime anders, etwa in London im Januar 2013: Eine Gruppe jugendlicher Salafisten, die sich »Muslim Patrol« nennt, gibt der kosmopolitischen Stadt an der Themse dankenswerterweise einen kleinen Vorgeschmack darauf, was sich in den von ihnen ersehnten »Scharia-Zonen« ihrer Vorstellung nach so zutragen würde, ließe man sie erst. Mit Kapuzenpullovern zur Unkenntlichkeit vermummt, streift die selbsternannte islamische Bürgerwehr am Wochenende durch die im Osten der Stadt gelegenen Bezirke Waltham Forest, Whitechapel und Tower Hamlets. Dort benehmen sich junge Briten regelmäßig wenig Scharia-konform: Sie besaufen und erbrechen sich, die jungen Mädchen tragen Röcke, die gerade noch die Klitoris bedecken, und der alkoholinduzierte Austausch von romantischen Gefühlen endet nicht selten im öffentlich vollzogenen Koitus. Wenig gottgefällig das, nicht nur Muslime werden das wohl so sehen.

Dagegen kämpfen die Herren von »Muslim Patrol« gelegentlich freilich schon mal mit Androhung physischer Gewalt, jedenfalls pöbeln sie die jungen Leute an und versuchen, vor allem Mädchen brutal einzuschüchtern. Auf einem Youtube-Video ist zu sehen, wie junge Typen einer Frau erklären, dass sie im Super-Minirock nicht in der Nähe einer Moschee spazieren gehen solle. Als die Frau entgegnet, dass sie immerhin in England sei und britisches Recht gelte, schnauzt einer der Männer: *»Ist uns vollkommen egal, ob du entsetzt bist. Dies ist kein so großes Britannien. Wir respektieren niemanden, der Allah nicht gehorcht.«*

Nun wäre es albern, daraus den Schluss zu ziehen, die Islamisierung Europas samt Einführung der Scharia stünde unmittelbar bevor. Ehebrecher können sich entspannen: Dass ihr Hobby schon demnächst mit Steinigung geahndet wird, ist eher nicht zu erwarten.

Und trotzdem entsteht bei immer mehr Europäern der nicht ganz unberechtigte Eindruck, der Staat verteidige sein Monopol auf Rechtssetzung und auf Durchsetzung von Normen nicht mit ausreichender Konsequenz und Unnachgiebigkeit. Das befördert die Entstehung von Parallelwelten, in denen auch schon mal ein Imam richtet und nicht der deutsche Amtsrichter, wo testosterongetriebene junge Männer, von ihren Müttern zu Turbo-Machos erzogen, ihren Frust auch schon mal hochaggressiv an ihren Mitmenschen ausleben, ohne vom Staat mit ausreichender Härte zur Rechenschaft gezogen zu werden. Ein Grund für dieses Ungleichgewicht ist die eigentümliche besondere Fürsorglichkeit, mit der sich die heute im Großen und Ganzen (noch) politisch dominierende 68er-Generation dem Migranten an sich widmet. Der türkischstämmige deutsche Autor und Polemiker Akif Pirinçci höhnt in diesem Zusammenhang: »*Zunächst einmal ist der sogenannte Migrant in den letzten dreißig Jahren durch eine beispiellose und pathologische Umkehrung der Werte im öffentlichen Diskurs das Objekt der Vergottung geworden, er ist ganz im gegenständlichen Sinne mehr wert als der Einheimische. Selbst seine archaischen und menschenverachtenden Sitten und seine beschissene Religion sind sakrosant und blind zu akzeptieren. Vor allem aber ist er der Fetisch einer kleinen, aber in den Medien, in der Bildung und in der gesellschaftlich anerkannten Geisteshaltung einflussreichsten Partei, nämlich der der Grünen. Der Migrant, namentlich der moslemische Migrant ist per se unentbehrlich, unschuldig, unberührbar und überhaupt eine ›Bereicherung‹, einfach so. Selbst wenn ein türkischer oder arabischer Migrant es selber nicht so sieht, findet er entweder kein öffentliches Gehör oder wird mit der Nazikeule zum Schweigen gebracht. Es ist eine hippiehafte Alle-Menschen-werden-Brüder-Ideologie, die inzwischen zu einem Wahn ausgeartet ist.*«

Das ist zwar reichlich unhöflich formuliert, wird dadurch aber nicht falsch.

Wohin die hippiehafte »Alle-Menschen-werden-Brüder-Ideologie« führen kann, erfuhren die Bewohner zahlreicher schwedischer Vorstädte im Mai 2013. Hunderte Jugendliche gingen nächtens auf die

Straßen, zündeten zahllose Autos an, warfen Steine auf Sachen und Menschen und schlugen Fensterscheiben ein; und nahezu alle hatten sie migrantischen Hintergrund.

Schweden hatte die vergangenen Jahre seine Zuwanderungspolitik ganz nach dem Herzen jener Cottage-Industrie aus NGOs, kirchlichen Organisationen, Asylanwälten und diesem Komplex verbundenen Medienmenschen gestaltet, die sich für eine vor allem von sogenannten humanistischen Motiven gesteuerte Zuwanderung einsetzen. Allein 2012 kamen fast 45.000 Asylwerber nach Schweden – eine sehr hohe Zahl – und die meisten von ihnen stammen aus Ländern wie Syrien, Afghanistan oder Somalia. »*Schweden tut genau das, was Amnesty International und Menschenrechtsaktivisten auch in Österreich fordern: Es verfolgt eine humanitäre Zuwanderungspraxis, die Flüchtlingen aus krisengeschüttelten Ländern Zuflucht bietet*«, kommentierte der linksliberale Wiener »Standard«.

Doch die vermeintliche soziale Großtat entpuppte sich als fulminanter Schadensfall mit außerordentlich unsozialen Folgen. Schweden musste *the hard way* lernen, was schon der große Philosoph Ralf Dahrendorf pessimistisch prognostiziert hatte: Dass nämlich ein hochkomfortabler Wohlfahrtsstaat in Verbindung mit einer »Alle-Menschen-werden-Brüder-Einwanderungspolitik« ein Rezept für Desaster darstellt.

Denn bedauerlicherweise gibt es auf dieser Welt wesentlich mehr bedauernswerte Afghanen, Pakistanis, Somalier, Iraker, Syrer, Ägypter oder Einwohner dutzender anderer afrikanischer Problemstaaten, die außer ihrer Not, ihrer fehlenden Ausbildung, einem starken Glauben an eine noch wenig von der Aufklärung weichgespülte Religion wenig nach Europa mitbringen, als Europa vertragen kann, ohne sozial zu explodieren.

Flüchtlinge aus krisengeschüttelten Staaten eher großzügig bemessen einreisen zu lassen, wäre zweifellos nobel, anständig und deshalb wünschenswert – mündete eine derart naive Politik nicht zwingend in brennenden Vorstädten, was ja weniger nobel und wünschenswert ist.

Denn indem das skandinavische Schweden kulturell völlig andersartige, extrem schlecht ausgebildete und sich selbst als frustrierte Opfer der Arbeitslosigkeit verstehende junge Männer importierte, schuf es sich selbst eine migrantische Unterschicht, deren Zorn früher oder später ebenso eruptiv wie gewaltsam ausbrechen musste. (Wobei die Frage interessant ist, warum die schwedischen Gewaltexzesse mit Sicherheit ausgeblieben wären, hätte es sich bei den Migranten um Vietnamesen, Chinesen oder Koreaner gehandelt.) Melodramatisch, aber nicht ganz unzutreffend spricht der junge französische Autor Laurent Obertone in diesem Zusammenhang von einem »*Leichengeruch der ster-*

benden christlich-abendländischen Kultur«, der *»barbarische Aasfresser aus der ganzen Welt anzieht.«*

Es spricht freilich für eine gewisse Lernfähigkeit der politischen Klasse, dass es heute schon möglich ist, derartige Probleme in der öffentlichen Debatte zumindest anzudeuten, ohne gleich der sozialen Ächtung anheimzufallen wie ein am Tatort betretener Exhibitionist. Man muss allerdings bereit sein, sich jede Menge Ärger einzuhandeln, der Rassismusverdacht schwebt noch immer ziemlich tief über dem Thema – nicht zuletzt deswegen, weil die echten Rassisten aus der rechten Ecke sich der Probleme ja gerne annehmen, um ihre politischen Ziele zu erreichen.

Das musste auch der Wiener Sozialpädagoge Norbert Ceipek erfahren, der den Wiener Verein »Drehscheibe« leitet, wo unbegleiteten ausländischen Kindern aus problematischen Verhältnissen geholfen wird. Ceipek hatte es gewagt, in einem Zeitungsinterview zu sagen, einzelne Clanchefs der Roma aus Bulgarien oder Rumänien nutzten die Not der Kinder aus und verdienten sich damit eine goldene Nase. Auf die Frage, warum die Täter noch nicht hinter Gittern sitzen würden, antwortete er wahrheitsgemäß: *»Weil sie von der eigenen Community so geschützt werden, dass man ihrer gar nicht richtig habhaft werden kann.«*

Das wird zwar jeder einschlägig sachkundige Polizist bestätigen, es brachte Ceipek aber einigermaßen in die Bredouille. Ein gewerkschaftlicher »Berufsgruppenausschuss der SozialarbeiterInnen« erklärte, Ceipeks Schilderung der Wirklichkeit erfülle den »*Tatbestand des Rassismus*«, was einem gesellschaftlichen Todesurteil gleichkommt, gegen das es keine Berufung gibt. Der Lebenslüge der beamteten Sozialingenieure der Stadt Wien die Wahrheit entgegenzusetzen, das ging nun doch deutlich zu weit.

Selbst Journalisten, die ihren Job ja in manchen Fällen mit einem pädagogischen Projekt zur Verbesserung der Menschheit (oder was sie dafür halten) verwechseln, beteiligen sich ab und an an dieser Verleugnung der Wirklichkeit. Eine selbsternannte Wiener Qualitätstageszeitung weigert sich beispielsweise immer wieder, in der Berichterstattung über Kriminalfälle das Milieu zu benennen, in dem diese stattgefunden haben. Wenn etwa in Graz ein nigerianischer Asylwerber seine Frau niedersticht, liest sich das dann so: »*Grazer attackierte Kind mit Messer. Eine 28-jährige Frau hat am Montag ihrem Ehemann lebensbedrohliche Stichverletzungen mit einem Messer zugefügt. Der 24-Jährige war zuvor mit der Waffe auf seine eigene sechs Monate alte Tochter losgegangen. Die Mutter ging dazwischen und stach dann auf ihren Mann ein (…).*« Und als im Herbst 2013 in einem griechischen Roma-Lager ein Kind gefunden wurde, das offenkundig Opfer einer Straftat geworden war, erfuhren die Leser dieser Zeitung nicht, dass die Causa in einem Roma-Lager stattgefunden hatte. Das sei, erklären Redakteure dieses Blattes im privaten Gespräch, notwendig, um den latenten Rassismus zu bekämpfen.

Bei den Lesern freilich dürfte das ganz anders rüberkommen: Die mutmaßen dann, es werde ihnen die Wahrheit über die Kriminalität in bestimmten Milieus gezielt vorenthalten – und revanchieren sich, indem sie rechte Protestparteien wie die FPÖ wählen. Auch hier entpuppt sich die Agitation der wohlmeinenden Sozialingenieure als eher kontraproduktiv.

Derweil deutet freilich auch einiges darauf hin, dass die Zeiten des ängstlichen Appeasements langsam zu Ende gehen, wenn auch sehr vorsichtig und zögerlich vorerst.

»*Eine katholische Schule in Großbritannien hat zwei 14-jährige Muslime aus der Klasse verbannt, weil sie sich ihre Bärte nicht abrasiert hatten*«, reportierte jüngst die »Welt«. Es sei »*eine Entscheidung auf der Grundlage des schuleigenen Dresscodes, nicht eine religiöse Frage, sagte der Rektor der Mount Carmel Roman Catholic High School in Accrington, Xavier Bowers.*« Wenig überraschend beweinte flugs ein Verwandter eines der betroffenen 14-Jährigen die Entscheidung der Schulleitung als »*pure Diskriminierung*«.

»*Wir an dieser Schule hier glauben, dass es wichtig ist, hohe Standards in allen Aspekten des schulischen Lebens aufrechtzuerhalten, auch was das Erscheinungsbild und das Tragen von Uniform angeht*«, erklärte dagegen kühl der Rektor. Na bitte, geht ja doch.

V. Warum der Einkauf ökologisch korrekter Lebensmittel, die Verwendung vermeintlicher Energiesparlampen und das Einsparen von Trinkwasser der Umwelt mehr schaden als nutzen können.

Wer im Bioladen einkauft, zahlt zwar mehr als im gemeinen Supermarkt, kann dafür aber das ungemein befriedigende Gefühl genießen, Gutes getan zu haben, in Harmonie mit Bruder Baum und Mutter Erde zu leben und im Übrigen dank seiner klimaverträglichen Konsumgewohnheiten den Eisbären das Schicksal zu ersparen, ihre putzigen Eisschollen an die Erwärmung des Polarmeers zu verlieren und darob jämmerlich abzusaufen.

Sollte man jedenfalls meinen. Die schreckliche Wahrheit über die Folgen des klimabewussten Ökoshoppings förderte jüngst Elmar Schlich, Professor für Prozesstechnik in Lebensmittel und Dienstleistungsbetrieben an der Universität Gießen, zutage. *»Wer im Bioladen, Biosupermärkten oder gleich im Hofladen eines Bauern einkauft, schädigt die Umwelt weitaus stärker als Kunden eines herkömmlichen Supermarktes«*, fasste die deutsche »WirtschaftsWoche« das Ergebnis der Schlich-Studie zusammen. *»Die vermeintlich Umweltbewussten emittieren im Durchschnitt pro Kilogramm eingekaufter Ware achtmal so viel Kohlendioxid wie die, die sich im Supermarkt bedienen.«* So sei der Anfahrtsweg zum Bioladen im Normalfall (in der untersuchten Region jedenfalls) erheblich weiter als zum nächstgelegenen Supermarkt. Die Mengen, die im Bioladen erstanden werden, seien außerdem erheblich geringer als die bei einem Besuch des Supermarktes. Ursache dafür sei das stark eingeschränkte Angebot in Bioläden. Außerdem fahre man häufiger hin, weil es vor allem auf Frische ankomme.

Ökologisch gut gemeint ist eben oft das Gegenteil von ökologisch gut gemacht. Ein Motiv, das sich erstaunlich konsequent durch die Geschichte der Ökobewegung und ihrer Irrungen zieht.

Wer sich auf die Suche nach dem ersten weltweiten Umweltskandal der Geschichte und den paradoxen Folgen seiner Aufarbeitung macht, der wird im Jahr 1964 fündig werden. Damals, vor genau einem halben Jahrhundert, publizierte die angesehene amerikanische Biologin Rachel Carson ihren Bestseller »Der stumme Frühling«. Das Buch deckte die bis dahin unbekannten krebserregenden Eigenschaften einer Substanz namens »DDT« (Dichlordiphenyltrichlorethan) auf, die damals auf der ganzen Welt als höchst erfolgreiches und effizientes Mittel zur Bekämpfung schädlicher Insekten in der Landwirtschaft eingesetzt worden war.

Weil DDT, von den Landwirten flächendeckend versprüht, die Erträge agrarischer Arbeit dramatisch verbesserte, durfte dessen Entdecker, der Schweizer Paul Hermann Müller, im Jahre 1948 den Nobelpreis entgegennehmen. Delikaterweise übrigens nicht etwa den für Chemie, sondern den Medizin-Nobelpreis.

Eine problematische Ehrung, wie sich nun herauszustellen schien. Denn Frau Carson wies nach, das DDT nicht nur Läuse und Borkenkäfer ins Jenseits beförderte, sondern offenbar auch den einen oder anderen Vertreter der Gattung Homo sapiens, eben indem es Krebs auszulösen imstande war.

Dass Frau Carson eine attraktive, intelligente Frau war, die selbst unter einer Krebserkrankung litt, schadete der Popularität ihres Buches nicht gerade, schnell machte sich die US-Politik unter Präsident John F. Kennedy und in der Folge die Regierungen fast aller anderen westlichen Industriestaaten die Ansichten Carsons zu eigen. Die verstarb 1966, nur wenige Jahre später verbaten die meisten Länder den Einsatz der tödlichen Substanz.

Es war wohl einer der ersten Siege der sich formierenden Ökologiebewegung. Und es war in gewisser Art und Weise ein nicht untypischer Sieg. Denn nur wenige Jahre später stellte sich heraus, dass das aus hehrer und allerbester Absicht erzwungene Verbot von DDT Konsequenzen hatte, die wesentlich schlimmer waren als jene der Anwendung der Substanz.

Was gut gemeint war, endete ziemlich schlecht.

Zu besichtigen waren die verheerenden Konsequenzen des vermeintlich so menschenfreundlichen DDT-Verbotes zum Beispiel in Sri Lanka. Dort war die Anopheles-Mücke, die Menschen mit Malaria infiziert, mit Hilfe der Chemikalie Anfang der 1960er-Jahre weitgehend ausgerottet worden; parallel dazu war auch die Anzahl der Malariafälle auf einige wenige pro Jahr zurückgegangen.

Das änderte sich, sobald DDT verboten wurde. Innerhalb einiger weniger Jahre eroberte die Malariamücke Sri Lanka zurück, die Zahl der Malariakranken kletterte schon 1968 auf weit über zwei Millionen Menschen an.

Heute wird DDT in Teilen Afrikas wieder verwendet, die Bilanz des ersten Sieges der Ökobewegung ist ziemlich eindeutig: Das Verbot von DDT hat weltweit wesentlich mehr Menschen das Leben gekostet, als dessen kanzerogene Neigungen je bewirkt haben könnten.

Das DDT-Drama ist insofern auch heute noch aufschlussreich, als es eine für Umweltpolitik typische Mechanik aufzeigt. Denn sie folgt in der Regel nicht einem kühlen Nutzen/Kosten-Kalkül, sondern ist weitgehend gefühlsgesteuert, und ihr wichtigster Treiber ist nicht die Vernunft, sondern die Angst. Und dieser Treibstoff geht offenbar nicht aus; irgendein Grund, sich zu ängstigen, wird im deutschen Kulturkreis immer gefunden (in Frankreich etwa oder in den USA ist das übrigens völlig anders). Mal ist es die Angst vor dem Waldsterben – das in letzter Zeit freilich etwas aus der Mode gekommen scheint –, mal vor Asbest, Dioxin oder Ozon, vor der Gentechnik oder dem Klimawandel, vor El Niño oder dem nächsten Tsunami, auch wenn dessen Auftreten zwischen dem Wörthersee und Brandenburg eher nicht so rasend wahrscheinlich ist. Und dann ist da natürlich noch der absolute Superstar unter den Umweltängsten: die Angst vor der Atomkraft, als Angstlieferant noch wesentlich unerschöpflicher denn als Energieressource.

Weil Angst aber ein schlechter Ratgeber ist, sind die von diesem Gefühl gesteuerten politischen Entscheidungen in vielen Fällen auch von schlechter Qualität.

Dass angesagte Umweltkatastrophen in der Vergangenheit in aller Regel ausgeblieben sind, schadet der zeitgenössischen Angstproduktion nicht im Geringsten. Wäre es etwa nach den legendären Prognosen des »Club of Rome« gegangen, sprudelte schon längst kein Erdöl mehr aus den Bohrlöchern, wäre die Förderung von Aluminium, Blei und Kupfer schon lange nicht mehr möglich und wären »Die Grenzen des Wachstums« (so der »Club of Rome«) schon vor Jahren erreicht worden, was evidentermaßen schlichter Unsinn war.

Es war nicht die einzige Apokalypse, die ihre Propheten enttäuscht hat. Die von deutschen Magazinen noch in den 1980er-Jahren vorhergesagte neue Eiszeit lässt noch immer auf sich warten, der Wald ist auch noch nicht verstorben, wie ein kurzer Sonntagsspaziergang in den Tann überzeugend belegt, und nicht einmal der 1979 verkündete »Sauerstofftod« des Bodensees ist eingetreten, dem See geht's besser denn je zuvor. Ein Schicksal, das er mit dem Maskottchen der angstlustigen Freunde des Weltuntergangs teilt, dem Eisbären.

Melancholisch auf seiner kleinen, schmelzenden Scholle treibend wurde das knuffelige Tier zur Ikone des Klimawandels, durch unseren ruchlosen Gebrauch von Spraydosen, Verkehrsflugzeugen und anderen Klimakillern zum Tode durch Ertrinken in den immer wärmer werdenden Polargewässern verurteilt.

Gegen die Eisbärenbilder waren Sachargumente von vornherein ohne die geringste Chance. Was kann schon das banale Faktum, dass die weltweite Eisbärenpopulation sich in den letzten Jahrzehnten verfünffacht hat, ausrichten gegen die Betroffenheit, die das auf seiner Scholle treibende Tier weckt? Gegen Gefühle haben Argumente noch nie etwas ausrichten können.

Die Folge dieser emotionsgesteuerten Umweltpolitik ist ziemlich oft nicht eine Verbesserung, sondern eine Verschlechterung unserer Lebensbedingungen.

Zahllose derartige Fälle hat der deutsche Autor Alexander Neubacher in seinem ausgezeichneten und sehr lesenswerten Buch »Öko-Fimmel – Wie wir versuchen, die Erde zu retten, und was wir damit anrichten« recherchiert (dem auch einige Beispiele in diesem Kapitel entnommen sind). Sein Resümee: »*Das Gegenteil von gut ist bekanntlich gut gemeint, wie sich zeigt, gilt dieser Satz für den Umweltschutz in besonderem Maße.*«

Hübsch sichtbar wurde das bei einer der jüngsten Ausheckungen der Europäischen Union, die ihren Insassen bekanntlich die herkömmlichen Glühbirnen verboten hat und sie damit nötigte, sogenannte »Energiesparlampen« zu verwenden. Argumentiert wurde diese Zwangsmaßnahme mit der schlechten Energieeffizienz der herkömmlichen Leuchtkörper und dem damit verbundenen Beitrag zur Klimaerwärmung. Die gewohnten Glühbirnen mit Acht und Bann zu belegen, war also sozusagen notwendig, um die armen Eisbären auf ihren schmelzenden Schollen zu retten.

Leider war das umweltmäßig gesehen keine besonders schlaue Idee, denn die meisten Energiesparlampen beinhalten ein paar Milligramm Quecksilber, und das ist bekanntlich ein ziemlich gefährliches Gift. Zerbricht eine derartige Lampe, steigt die Quecksilberbelastung auf ein Mehrfaches der zulässigen Werte und ist für Kinder, Schwangere oder empfindliche Menschen gesundheitsgefährdend. Weshalb das deutsche Umweltbundesamt, nicht ohne Humor, dazu rät, solche Lampen nicht zu verwenden, wo »Bruchgefahr« besteht – also in jedem Haushalt.

Als eher umweltschädlich hat Neubacher auch den Fimmel der Deutschen und Österreicher enttarnt, Wasser zu sparen. Das hilft zwar den Menschen in den wasserarmen Gebieten Afrikas überhaupt nicht, ruiniert aber die hiesige Kanalisation. »*Weil wegen unseres zu geringen Verbrauchs zu wenig Wasser durch die Rohre rauscht, verstopft neuerdings die Kanalisation. Fäkalien, Urin und Speisereste fließen nicht mehr ab. (...) (es) lagern sich auch giftige Schwermetalle wie Kupfer, Nickel und Blei ab. Schwefelsäure greift die Leitungen an, lässt Stahl rosten und Beton bröseln.«*

Um das zu verhindern, müssen die städtischen Wasserwerke der vom Wassersparwahn betroffenen Regionen immer mehr zusätzliches Wasser durch die Abwasserleitungen jagen, in Berlin etwa an manchen Tagen eine halbe Million Kubikmeter. »*Was wir oben mit der WC-Stoptaste eingespart haben*«, bringt Fachmann Neubacher den Wahnwitz auf den Punkt, »*pumpen sie unten mit dem Schlauch wieder direkt in die Kanalisation.*«

Das macht auch wirtschaftlich wenig Sinn. Denn je mehr die Menschen Wasser sparen, um so höher sind die Kosten der Wasserversorger für die Wartung und Reinhaltung der Netze. Deshalb wird Wasser teurer, was die Kunden wiederum dazu animiert, noch weniger Wasser zu verbrauchen, was die Kanalisation noch stärker belastet.

Was als Projekt zur Errettung des Planeten begonnen hat, endet so schnell in einer Spirale pseudoökologischen Wahnsinns.

Einzelfall ist das keiner, ganz im Gegenteil. Häuser thermisch zu sanieren – also in dicke Lagen Styropor und anderer Dämmstoffe einzupacken –, gilt heute etwa als Gebot der ökologischen Korrektheit, gegen das zu verstoßen, sozial ungefähr so geächtet ist wie das öffentliche Gliedvorzeigen im Stadtpark. Wer heute noch Heizwärme achtlos durch Fensterritzen und

Ziegelwände entkommen lässt, muss sich den Vorwurf klimaterroristischer Wiederbetätigung gefallen lassen.

Deshalb dämmen Deutsche und Österreicher ihre Häuser, als stünde eine große Eiszeit unmittelbar bevor. Der Steuerzahler lässt sich das eine Stange Geld kosten: in Deutschland 1,5 Milliarden Euro für verbilligte Kredite, in Österreich 2013 immerhin auch 123 Millionen an Subventionen. Die Branche der Dämmer und Sanierer boomt, was angesichts dieser happigen Förderungen kein großes Wunder ist.

Deutschlands Gebäudebestand, spottet Neubacher, »*ist auf dem Weg in die ewige Verdämmnis.*« Doch leider: »*Je besser die Isolierung, desto üppiger wuchert darunter der Pilz. Etwa die Hälfte aller Haushalte, schätzen Sachverständige, hat bereits ein Fäulnisproblem.*«

Wirklich gesund ist dieses ökologisch korrekte Einpacken von Wohnhäusern deshalb nicht. Das »Deutsche Ärzteblatt« warnt in diesem Zusammenhang vor Asthma, Lungenentzündungen und der lebensbedrohlichen Aspergillose, allesamt ausgelöst durch den sich explosionsartig vermehrenden Schimmelpilz im Ökobau. In einigen US-Bundesstaaten ist deshalb mittlerweile untersagt, Häuser mit Dämmplatten zu versehen.

Wo immer ökologische Tugendwächter sich aufmachen, die Welt zu retten, drohen ähnliche Ergebnisse. Elektroautos etwa lassen zwar keine schädlichen Abgase beim Auspuff hinaus, verbrauchen aber dafür jede Menge Strom, der in der Europäischen Union noch immer zu einem erheblichen Teil aus Atom-, Kohle- oder Gaskraftwerken stammt. Allein die Herstellung der Batterien für ein herkömmliches Elektroauto braucht so viel Energie, wie ein benzinkonsumierender Mittelklassewagen auf 100.000 Kilometern verbraucht. Die zum Behufe der Energieersparnis eingeführte Sommerzeit senkt zwar den Stromverbrauch für Beleuchtung minimal, erhöht jedoch den Energiekonsum für das morgendliche Heizen, was unter dem Strich einen negativen Saldo ergibt. Und selbst der Verzehr von ökologisch korrekt hergestelltem Obst regionaler Herkunft kann für die Umwelt belastender sein als die Flugananas aus dem fernen Neuseeland – dann nämlich, wenn der ökologisch korrekte Konsument seine eineinhalb Tonnen Auto 50 Kilometer zu Biobauern bewegt, um dort ein paar Kilo Obst und Gemüse einzumarkten.

All das sind freilich Bio-Peanuts im Vergleich zum babylonischen Turm der Umweltpolitik, ein Projekt von wahrhaft kolossalen Ausmaßen, enormen Kosten und einem, freundlich gesagt, höchst ungewissen Ausgang: der Kampf gegen den Klimawandel.

Knapp 200 Milliarden Euro kosten die klimapolitischen Maßnahmen der Europäischen Union derzeit, hat Bjørn Lomborg, Leiter des Copenhagen Consensus Center und außerordentlicher Professor an der Copenhagen Business School, jüngst ausgerechnet. Damit wird bis zum Ende des 21. Jahrhunderts, also in eher wenig überschaubaren 86 Jahren, eine Absenkung der Temperatur um 0,05 Grad Celsius bewirkt. Was die niedlichen Eisbären auf ihren im Eismeer treibenden Schollen vermutlich eher wenig kratzen dürfte und auch sonst keinen wirklich nennenswerten Beitrag zur Lösung des Problems Klimawandel darstellen wird.

Allein Deutschland hat sich die Förderung der Solarenergie bisher hundert Milliarden Euro kosten lassen – mit dem Ergebnis, dass sich die Erderwärmung bis zum Jahr 2100 um atemberaubende 37 Stunden verzögern lässt. Dafür wurden, weil die Solarbranche trotz massiver Förderungen recht wackelig auf den Beinen steht, Investorengelder in großem Stil vernichtet. Mehr als 15 Milliarden Verlust hatten Konzerne wie Solarworld, Q-Cells, Centrotherm, Solar Millennium, SMA Solar, Solon, Conergy und Phoenix Solar ihren Anlegern Mitte 2013 beschert. Ein wenig attraktives Geschäft war die Förderung alternativer Energieformen auch für die Abnehmer. »*Deutschlands Ökostromerzeuger haben im vergangenen Jahr für die Energie erstmals mehr als 20 Milliarden Euro bekommen*«, rechnet die »FAZ« im Sommer 2013 vor. »*An der Börse, wo der Strom verkauft werden muss, war dieser allerdings nur 2,9 Milliarden Euro wert. (...) Die Differenz von fast 17 Milliarden Euro zahlen die Stromverbraucher (...).*« Und die finden das immer öfter immer weniger amüsant.

»Traurige Realität ist, dass die gegenwärtige Klimapolitik gescheitert ist«, meint Experte Lomborg realistisch. *»Das Klimaproblem existiert, kein Zweifel. Aber wir verschleudern riesige Geldsummen und erreichen damit fast nichts. Der Grund: Die erneuerbaren Energien sind noch nicht so weit, das Steuer herumzureißen, weder wirtschaftlich noch technisch.«*

Es ist ein nahezu bizarrer Vorgang: Die Welt gibt gewaltige Mengen nicht vorhandenen Geldes dafür aus, um in 86 Jahren vielleicht Menschenleben zu retten – oder auch nicht.

Einer kühlen Nutzen/Kosten-Analyse vermag das Projekt »Wir retten das Klima« vermutlich eher nicht standzuhalten. Denn schon allein mit jenen 200 Milliarden Euro, die Europas Klimapolitik jährlich kostet, könnten sich an anderen Fronten hunderttausende, wenn nicht Millionen Menschenleben retten lassen, und zwar nicht in 86 Jahren, sondern jetzt – etwa durch einen forcierten Kampf gegen die Malaria oder andere Plagen, die von der Menschheit noch immer einen hohen Blutzoll fordern.

Doch eine derartige Abwägung gilt im ökologischen Milieu als frevelhafte Ketzerei gegen die Heilige Kirche der Klimaretter. Wen das Schicksal der Eisbären betroffen macht, der wird sich nicht mit der Rettung afrikanischer Kinder vor der Malaria abspeisen lassen.

Selbst wer es für notwendig erachtet, substantielle Beträge in die Abwehr des Klimawandels zu investieren, wird die Subvention weder wirtschaftlich noch technisch ausreichend gut funktionierender erneuerbarer Energien für einen auch nur annähernd vernünftigen Weg halten können. »*Hier lässt sich eine Analogie zu den Computern der 1950er-Jahre erkennen. Bessere Computer gab es nicht etwa, weil massenweise subventionierte Elektronenröhren produziert oder Steuern auf Schreibmaschinen erhoben wurden*«, meint Lomborg. »*Der Durchbruch kam durch die drastische Steigerung von Forschung und Entwicklung, die zur Erfindung des Transistors oder des integrierten Schaltkreises führten; Innovationen, die Unternehmen wie IBM oder Apple erlaubten, Computer zu entwickeln, die der Verbraucher wollte.*

Genau das haben die USA beim Fracking getan. Sie haben in den letzten dreißig Jahren rund 10 Milliarden Dollar in innovative Technologien gesteckt, um an zuvor unerreichbare Schiefergasressourcen zu gelangen.« (Quelle: »Standard«)

Das spart nicht nur den Verbrauchern viel Geld – vor allem kann Amerika so seine CO_2-Emissionen mit deutlich geringerem Aufwand, als Europas Klimapolitik verursacht, deutlich schneller verringern.

Das Problem dabei ist freilich: Gegen die Ängste der europäischen ökologisch Bewegten hilft Fracking ungefähr so gut wie eine Flasche Wodka gegen chronische Alkoholabhängigkeit. Denn umweltverträgliches Fracking mag ein vernünftiger, ökonomisch sinnhafter Beitrag zur Linderung der Klimaproblematik sein – auf der emotionalen Eben taugt so eine Technologie gar nichts, weil sie nicht Ängste beseitigt, sondern neue Ängste schürt, zumindest in Deutschland oder Österreich.

Verursacht hat diese verfahrene Lage nicht zuletzt die Politik, die sich immer weniger an Interessen orientiert und immer öfter an Gefühlslagen. Wenn aber unter diesen Bedingungen eine Tsunami-induzierte Atomkatastrophe in Fukushima *Angst vor Atom* in Franken oder Salzburg, weit weg von der nächsten Pazifikküste, auslöst, dann ist eine irrationale Reaktion der Politik die rationale Folge. Und so sieht unsere Umweltpolitik über weite Strecken ja auch aus.

Leider hat dieser Öko-Fimmel und die damit verbundene Mentalität, die Welt vor uns selbst retten zu wollen, ziemlich problematische ökonomische Auswirkungen.

Wenn etwa in Deutschland ein vier Kilometer langes Stück Autobahn (A4 zwischen Helsa und Hessisch Lichtenau) mitten in einer flachen Landschaft in einen Tunnel verlegt wird, damit ein paar tausend Exemplare einer Schwanzlurchart ungestört vor sich hin lurchen können, dann ist die Grenze des Vernünftigen ziemlich weit überschritten. Dafür Mehrkosten von etwa 50 Millionen Euro in Kauf zu nehmen, ist nicht mehr Umweltpolitik, das ist schon eher Gottesdienst samt Opfer im Tempel der Ökoreligion, fernab jeder Ratio.

»Eine der einflussreichsten Religionen der westlichen Welt ist heute der Ökologismus«, hat der amerikanische Schriftsteller Michael Crichton schon vor einigen

Jahren richtig beobacht. Die beiden deutschen Autoren Dirk Maxeiner und Michael Miersch spinnen den Gedanken weiter: »*Das ewige Leben findet in unablässigen Recycling-Schleifen seine Entsprechung und die Buße erfolgt in Form des Dosenpfandes. An die Stelle des jüngsten Gerichtes tritt die Klimakatastrophe und statt Kirchtürmen ragen Windräder in den Himmel.*«

Nun ist es natürlich jedermanns gutes Recht, der Irrationalität seiner Wahl zu huldigen, solange dabei kein unbeteiligter Dritter zu Schaden kommt. Genau das ist aber die Folge, wenn der Öko-Fimmel zur Staatsdoktrin wird, wie das in Deutschland oder Österreich schon längst der Fall ist. Denn jene enormen Beträge, die auf dem Altar des Ökologismus geopfert werden, hätten ja auch produktiv verwendet werden können. Mit den 50 Millionen Euro, die das Untertunneln der hessischen Lurchzone gekostet hat, hätte Deutschland beispielsweise 25 Millionen Kindern in der Dritten Welt eine Operation zur Behebung des grauen Stars bezahlen können und damit ihr Augenlicht erhalten, was doch irgendwie sinnvoller als der Lurcherhalt erscheinen wird.

Vor allem wird der irrationale Ökologismus ohne Maß und Ziel langfristig unseren Wohlstand spürbar senken. Denn unsere Mitbewerber in China, Brasilien oder Indien denken nicht im Traum daran, der hiesigen Ökoreligion beizutreten. Zwar wird auch dort – was ja auch dringend notwendig war – Umweltschutz betrieben, aber eben längst nicht so überschießend, wie das im deutschen Sprachraum der Fall ist.

Das gibt all diesen Ländern natürlich einen Wettbewerbsvorteil, der sich letztlich in Wohlstandsverschiebungen auswirken wird – zu unseren Ungunsten, versteht sich.

Denn bedauerlicherweise entsteht Wohlstand nicht aus dem Hegen und Pflegen von Lurchen, sondern noch immer aus industrieller Tätigkeit. Und die wird, wenn sie von einer Politik der ökologischen Gefühle immer heftiger bedrängt wird, irgendwann einmal verschwinden. »*Ich trete nicht für Raubbau an der Natur ein. Ganz im Gegenteil. Die voestalpine ist weltweit das Stahlunternehmen mit den besten Umweltstandards. Wenn die Auflagen aber so hoch sind, dass wir nicht mehr konkurrenzfähig sind, dann müssen umweltkritische Bereiche – dazu gehört die Flüssigphase von der Kokerei über Hochofen und Stahlwerk – woanders hin verlegt werden. Nur noch der Rest, in dem etwa ein Drittel der Mannschaft arbeitet, würde bleiben*«, warnte in einem Interview mit der Tageszeitung »Kurier« etwa Wolfgang Eder, CEO des erfolgreichen Linzer Stahlkonzerns Voest. Und beschrieb die Folgen: »*Wenn die Stahlindustrie aus Europa abwandert, dann werden das in der Folge auch Schlüsselindustrien tun wie Auto, Maschinenbau, Energie. Es wird nicht funktionieren, sich aus China Stahl für europäische Autos zu holen. Das versuche ich auch in Brüssel zu kommunizieren: Es geht nicht nur um 450.000 Arbeitsplätze in der Stahlindustrie, sondern um weitere 25 Millionen in den nachgelagerten Industrien. Wenn die verschwinden, hat Europa ein Riesenproblem. Wohlstand und Sozialstandards würden sinken, soziale Spannungen zunehmen. Man kann nicht ewig betriebswirtschaftliche Grundsätze ignorieren.«*

Herr Eder hat recht. Wir können uns entscheiden: Entweder wir hören auf, um jeden Lurch zu heulen, der einer notwendigen Autobahn zum Opfer fallen könnte, freuen uns über die stark steigende Anzahl der Eisbären in der Arktis und hören auf, Milliarden Euro unseren irrationalen Ängsten zu opfern – oder wir nehmen sinkenden Wohlstand und die damit verbundenen sozialen Verwerfungen in Kauf. Wenn wir nicht endlich erwachsener, rationaler und auch da und dort etwas härter werden, wenn wir uns zwischen Lurch und Wohlstand entscheiden müssen, werden wir nämlich als Kellner für wohlhabende chinesische Touristen in einem europaweiten Disneyland enden – wenn auch einem mit vorzüglichen Umweltstandards.

VI. »Magister Narziss« will eigentlich nicht vor dem Rentenantritt aus dem »Hotel Mama« ausziehen, muss aber auf den Weltmärkten gegen junge Chinesen antreten, die von »Tiger Mums« auf Leistung getrimmt worden sind. Das wird interessant anzusehen sein.

Die Art und Weise, wie in Deutschland oder Österreich Handwerksbetriebe ihren Nachwuchs ausbilden, gilt gemeinhin als erfreuliche Erfolgsgeschichte in der allgemeinen Tristesse der Bildungswüste des deutschsprachigen Raums.

Dass auch dieser so hochgelobte Bildungsweg mittlerweile bisweilen eigenartige Ergebnisse zeitigt, musste der Wiener Unternehmer Karl Pfaffinger, Inhaber eines mittelständischen Gebäudereinigungsbetriebs, kürzlich beim Besuch eines Kunden zusammen mit einem seiner Angestellten, einem etwa 30-jährigen offiziell geprüften Meister der Reinigungsbranche, feststellen. »*Wir standen vor einer Fassade unseres Kunden und es ging darum, deren Fläche zu ermitteln*«, berichtet Pfaffinger. »*Schließlich sollte eine Höhe von 3,5 Meter mit der Länge von 16,0 Meter multipliziert werden. Der Meister fragte mich um einen Taschenrechner. Hatte ich nicht, und dass sein Smartphone über einen Rechner verfügt, ist ihm auch nicht eingefallen. Er fragte mich, ob ich das ernst meine, dass er das im Kopf rechnen soll. Ich bejahte und sagte, er könne auch einen Zettel nehmen. Nach 40 Minuten mit ca. 14 verschiedenen Ergebnissen hab ich aufgegeben. (…) Das Dienstverhältnis hat – auch aus anderen Gründen – nicht mehr sehr lange gedauert. Verständlich? Klar, was da auf uns zukommt?*«

Leider ja. Derartige Fälle sind keine bedauerlichen, aber letztlich exotischen und damit irrelevanten Einzelfälle. »*Wirklich ärgert mich dabei, dass angefangen vom Elternhaus und Kindergarten (Sprache!) über die*

Volks- und Hauptschule (Trivia!) bis hin zu den gewerbespezifischen Aus- und Fortbildungseinrichtungen so ziemlich alles versagt hat, was versagen konnte«, meint Unternehmer Pfaffinger zu Recht. »*Und jetzt steht der Kerl mit vertaner Zeit und nicht erworbenem Wissen da und wir mit einem gefährlich halbgebildeten Fachidioten. Bravo! Und das ist kein Einzelfall, wie mir aus meinem unternehmerischen Umfeld glaubhaft versichert wird.«*

Auch in Deutschland steht es um die simpelsten Kulturtechniken zur Bewältigung des Alltags nicht viel besser. So ist jeder vierte Koch, Maler oder Lkw-Fahrer ein funktionaler Analphabet. Unter den Hilfsarbeitern auf dem Bau ist es im Schnitt sogar jeder zweite, berichtet das Münchener Magazin »Focus« im Jahr 2011, und, noch bemerkenswerter: »*Weitere 25 Prozent der erwerbsfähigen Bevölkerung, mehr als 13 Millionen Deutsche, lesen und schreiben Texte nur langsam und fehlerhaft. Typisch für Betroffene ist, dass sie das Lesen und Schreiben aus diesem Grund vermeiden.«* Irgendwie haben wir uns das Land der Dichter und der Denker etwas anders vorgestellt.

Wir scheinen es hier offenkundig mit einer Art Multiorganfunktionsversagen des Bildungssystems im weiteren Sinne zu tun zu haben, das in Österreich mit enormen Kosten eine Million Erwachsene, die nicht wirklich sinnerfassend lesen können, hervorgebracht hat.

Das gilt übrigens nicht nur für Fähigkeiten wie das Lesen und Schreiben, sondern auch für die grundsätzliche Einstellung den Erfordernissen des Lebens, und nicht zuletzt des Arbeitslebens, gegenüber.

Sein Unternehmen, berichtet etwa der Vorstandsvorsitzende eines renommierten, börsennotierten österreichischen Industriebetriebes, lädt Jahr für Jahr etwa 300 junge Menschen zu einem Vorstellungsgespräch ein, die sich um einen Job als Lehrling beworben haben. Den hoffnungsvollen Bewerbern wird im Vorfeld dieses Termins unmissverständlich klargemacht, dass sie erstens pünktlich zu erscheinen haben und zweitens ihr eigenes Lineal mitbringen müssen, um Zeichentests absolvieren zu können. Anforderungen, die für die Chance, einen tollen Job in einem tollen Unternehmen ergattern zu können, nicht eben übertrieben erscheinen. Und trotzdem nehmen jährlich rund 150 der jungen Menschen nicht einmal diese bescheidene Hürde – entweder, weil sie sich erheblich verspäten oder aber ohne ihr Lineal erscheinen.

Ähnliche Erfahrungen hat auch ein Wiener Franchisenehmer von McDonald's gemacht. »*Viele Lehrlinge*«, berichtet der Mann leicht entnervt, »*erscheinen bereits am ersten Tag nicht pünktlich zur Arbeit. Viele schmeißen auch bei der kleinsten Kritik alles hin und brechen die Ausbildung einfach so ab*«, beobachte er immer wieder. Und: »*Die Arbeitseinstellung ist bei den meisten unbrauchbar – vor allem bei den Österreichern. Die melden sich sowieso nur noch in der Minderzahl. Viel eifriger und tüchtiger sind türkische und ex-jugoslawische Mitarbeiter.*«

Beim Bewerbungsgespräch wisse zwar jeder, was McDonald's ist, aber wenn er dann nachfragt, weiß kaum wer, wann das Unternehmen gegründet wurde, ob es börsennotiert ist, wie viele Mitarbeiter bei McDonald's arbeiten oder ähnliche Petitessen.

»*Die Jugendlichen verblöden*«, behauptet der österreichische Jugendforscher Bernhard Heinzlmaier. Das mag etwas verkürzt sein, beschreibt das Problem aber leider präzise. Der Gedanke, dass diese Generation in einigen Jahren die Rentenansprüche der heute Erwachsenen wird erwirtschaften müssen, ist eher beunruhigend. Und dass die Schulen ihren Job nicht so gut erledigen, wie das notwendig wäre, ist ein bekanntes und außerordentlich gut dokumentiertes Problem, das sich erfolgreich dagegen wehrt, gelöst zu werden.

Doch das wahre Problem sitzt tiefer. Ein Wiener Nachhilfelehrer, seit vielen Jahren im Geschäft, hat es beobachtet: »*Das Leistungsniveau der Kinder nimmt von Jahr zu Jahr ab. Sie lesen nicht mehr, sie lernen nicht mehr, weil sie es gar nicht mehr müssen. Und die Lehrer beklagen sich darüber, dass sie die Schüler nicht einmal mehr scharf anreden dürfen, weil sie sonst den Anwalt der Eltern aufgehalst bekommen.*«

Der Nachhilfelehrer unterrichtet Englisch, Deutsch, Griechisch, Latein und Italienisch. Und er meint, dass »*in den Schulen, an denen ordentlich Drill geübt wird, wo der Leistungsdruck hoch ist, dort sind auch die Niveaus tausendmal höher.*«

Das ist natürlich eine außerordentlich unmoderne, geradezu reaktionäre Ansicht, die mit der noch immer dominierenden Reformpädagogik der 1968er-Generation, einem bekanntlich nicht eben rasend leitungsaffinen Milieu, nicht vereinbar ist.

Es drängt sich ein hässlicher kleiner Verdacht auf: Im gewiss höchst ehrbaren Bestreben, den lieben Kleinen Unannehmlichkeiten aller Art so gut es geht zu ersparen, haben ganze Generationen von Eltern, Bildungspolitikern, Lehrern und Sozialingenieuren jeder Sparte in der jüngeren Vergangenheit eine wenig wetterfeste Generation junger Menschen herangezogen, deren Leistungsfähigkeit und Leistungswilligkeit vielleicht mit ihrer Befindlichkeit, aber nicht oft genug mit den Anforderungen des globalisierten Wettbewerbs korrelieren. Wenn man Kindern und Jugendlichen Gutes tun will, heißt das ja bekanntlich noch lange nicht, dass das gut für sie ist.

Das gilt nicht zuletzt für jene Form extremer Brutpflege weit über das gesunde Maß hinaus, das für die Generation der »Millenials« – also der nach etwa 1980 Geborenen – und ihrer Eltern nicht unüblich ist. Unausgesprochenes Motto dieses Milieus: Fördern statt fordern, Papi und Mami haben dafür zu sorgen, dass der Sohnemann oder die Tochter vor den Unbilden des Lebens möglichst gut behütet wird – und das möglichst lange. (Ein prominenter Wiener Rechtsanwalt hat das in hohem Alter einmal pointiert beschrieben, indem er auf die Frage, wie lange er eigentlich noch arbeiten werde, geantwortet hat: »*Bis mein Sohn seine Rente antreten kann*«.)

Der deutsche Gymnasialdirektor Josef Kraus hat diesem Phänomen jüngst ein Buch gewidmet, dem er den treffenden Titel »Helikopter-Eltern. Schluss mit Förderwahn und Verwöhnung« gab. Wie Hubschrauber, so hat Lehrer Kraus beobachtet, kreisen viele Eltern andauernd um ihre Kinder, stets im Bestreben, auch noch das allerkleinste Unheil von ihnen abzuhalten. Kraus fürchtet zu Recht, dass eine derartige fürsorgliche Belagerung im Elternhaus gar nicht von Vorteil ist. Da ist etwa von einer Mutter (52) die Rede, die sich sogar auf jugendlich schminkte, um an Stelle ihrer Tochter (19) eine wichtige Prüfung auf der Uni zu schreiben, oder von Eltern, die bei einer Ostereiersuche ihrer Schule selbst hinter Büsche und Bäume lugten, um sicherzustellen, dass ihr Nachwuchs nicht etwa ostereiermäßig benachteiligt werde.

Aber auch diesseits derartig bizarrer Einzelfälle nimmt die Neigung von Eltern, das Leben ihrer Kinder selbst in die Hand zu nehmen und sie damit völlig lebensunfähig zu machen, stark zu. »*Wer abgeschirmt in einer watteweichen Welt aufwächst, in der die Eltern panisch versuchen, den Schmerz des Scheiterns fernzuhalten, als handele es sich um ein lebensbedrohliches Virus, der wird einer entscheidenden Erfahrung beraubt: derjenigen der Niederlage*«, schrieb 2013 ein Kommentator der »FAZ«

in diesem Zusammenhang. »*Es ist ja ganz einfach: Nur wer fällt, kann auch wieder aufstehen. Das nötige Handwerkszeug muss erworben werden. Ansonsten endet das behütete Kind als Realitätsverweigerer.*« Mit gutem Grund titelte auch der Hamburger »Spiegel« zu diesem Thema: »*Achtung Eltern – Sie tun alles für ihr Kind – und schaden ihm.*«

Wie weit dieser Prozess mittlerweile vorangeschritten ist, erkannte die New Yorker Journalistin Leonore Skenazy relativ drastisch, nachdem sie in ihrer Kolumne in der »New York Sun« erwähnt hatte, dass sie ihren 9-jährigen Sohn allein mit der U-Bahn fahren lässt. Das brachte ihr nicht nur einen gewaltigen Shitstorm in den Social Media ein – »*verantwortungslos*« –, sondern auch noch dazu den Titel »*Amerikas schlechteste Mutter*«. Nur die Frage, wie ein Neunjähriger je lernen soll, allein mit öffentlichen Verkehrsmitteln zu fahren, wenn er das nicht ausprobieren darf, weil es angeblich zu gefährlich ist, beantworteten die aufgebrachten Leser und Leserinnen des Einbekenntnisses von Frau Skenazy nicht.

Vielleicht müssen Jugendliche das heute, geht es nach ihren Helikoptereltern, ja auch gar nicht mehr. »*Narziss macht jetzt den Bachelor*«, spottete die »FAZ« im Sommer 2013 über das Phänomen des »überbehüteten Studenten« an den deutschen Unis. »*Es dürfte kaum verwundern, dass für jene verzärtelten, zur Lebensuntauglichkeit erzogenen Charaktere die Zumutungen des Universitätsalltags ein Schock sind. Weshalb sollte jemand, der nie für sich selbst kämpfen musste, eine Notwendigkeit darin erkennen, ausgerechnet während des Studiums damit zu beginnen? Und wie sollte man eine durchdachte Entscheidung treffen, wenn einem der Prozess der Entscheidungsfindung fremd ist? Die Soziologin Laura Hamilton von der Universität von Kalifornien fand in einer Studie heraus, dass eine großzügige finanzielle Unterstützung der Eltern nicht automatisch zu guten Prüfungsergebnissen führt. Im Gegenteil. Mit der steigenden Unterstützung verschlechtern sich die Noten. Naturgemäß bereitet es eben mehr Spaß, das Geld der Eltern auszugeben, anstatt zu lernen. Es fehlt der Druck, die Angst, zu versagen, die einen – in Maßen natürlich – häufig erst zu Höchstleistungen antreibt.«*

Stattdessen, diagnostizierte die »FAZ«, führe die unmäßige elterliche Brutpflege zu immer größerer Distanz zwischen dem Nachwuchs und der Wirklichkeit: »*Fest steht, dass die Ausbreitung infantiler Verhaltensmuster unaufhörlich voranschreitet. Leider sieht es nicht danach aus, als würde sich daran bald etwas ändern. So erzählen einem Professoren von Eltern, die als wütende Anwälte ihres Kindes in der Sprechstunde auftauchen, um über die ihrer Meinung nach ungerechte Benotung der letzten Arbeit zu diskutieren. Man erfährt von einer Studentin, die sich vierzig Minuten beraten lässt, wo sie am besten ein Auslandssemester verbringen könnte, und sich schließlich entscheidet, den Sommer doch lieber mit der Mutter auf Mallorca zu verleben. Ein Student kommt Wochen zu spät ins Seminar, möchte noch aufgenommen und mit dem bereits durchgenommenen Stoff versorgt werden – und fragt unschuldig, ob er zwei weitere Sitzungen fehlen könne, weil er mit Freunden dieses Haus am Meer gemietet habe.«*

Nicht nur die »*Ausbreitung infantiler Verhaltensmuster*« schreitet voran, sondern auch das damit eng verbundene, narzisstische Gefühl dieser Generation, jede Menge Ansprüche gegen die Welt zu haben. Verursacht wird das natürlich von Eltern, die das Selbstbewusstsein ihrer Kids fördern wollen und ihnen deshalb so lange einreden, dass sie etwas ganz Besonderes sind, bis die das wirklich glauben. So schreibt Jean Twenge, eine Psychologieprofessorin an der Universität San Diego und Autorin des Buches »Die Narzissmus-Seuche«: »*Einem Kleinkind zu sagen, dass es ein Prinz oder eine Prinzessin ist, mag ganz nett sein. Aber mit 14 ist das nicht mehr nett.*«

In den USA gehen deshalb immer mehr Lehrer dazu über, den Schülern ihre völlig überzogene Anspruchshaltung wieder abzuräumen, um sie etwas lebenstüchtiger zu machen. David McCullough, Lehrer an der Wellesley High School in Massachusetts, hat dafür eigens ein Video unter dem Titel »Du bist nichts Besonderes« gedreht, das auf Youtube mittlerweile mehr als zwei Millionen mal abgerufen worden ist. Seine zentrale Botschaft an die narzisstische Generation: »*Besteige einen Berg, damit Du die Welt sehen kannst – und nicht, damit die Welt Dich sehen kann.*«

Derartige Hinweise sind mehr als angebracht. Lehrer und Psychologen berichten regelmäßig von Sechsjährigen, die sich noch keine Schuhe selbst binden können, von Zehnjährigen, die ohne Mutti den Reißverschluss ihrer Jacke nicht schließen können, oder von Zwölfjährigen, die beim Anzünden eines Streichholzes scheitern. Schließlich kann man derartige Anstrengungen einer kleinen Prinzessin oder einem kleinen Prinzen unmöglich zumuten.

Da ist nur logisch, dass die solcherart Umhegten die Annehmlichkeiten dieses Zustandes möglichst lange genießen wollen. In den USA, wo dieser Prozess am weitesten vorangeschritten ist, lebten 2012 mehr Menschen der Generation der 18–29-Jährigen bei ihren Eltern (»Hotel Mama«) als mit einem Partner zusammen.

Das mag zum Teil auch ökonomische Gründe haben – liegt aber vor allem an der narzisstischen Neigung einer nicht übertrieben belastbaren, aber dafür um so leichter in ihrem üppigen Anspruchsdenken verletzbaren »Generation Millennium«.

All das könnte man freilich als Privatvergnügen der betroffenen Eltern und ihrer Kinder ansehen, hinge nicht letztlich unser aller Wohlstand in erheblichem Maße davon ab, ob die »Millenniums« und ihre Nachfolger in ihrer weinerlichen Anspruchspose verharren – oder sich irgendwann die Tränen von den Wangen wischen, die Ärmel hochkrempeln und akzeptieren, dass das Leben kein Ponyhof ist (dessen Rechnungen auch noch Mama und Papa begleichen).

Denn die globalen Konkurrenten Europas und Amerikas im fernen Osten halten eher wenig davon, ihre Kinder zu narzisstischen Heulsusen mit überbordender Anspruchshaltung zu erziehen, die jede Herausforderung für eine inhumane Zumutung hält. Ganz im Gegenteil: In China oder Vietnam gilt das Lernen als höchst anstrengende, aber ebenso notwendige Arbeit, der sich Kinder und Jugendliche bis an die Grenze ihrer Fähigkeiten zu unterwerfen haben. Frau Lin Xi, eine in Berlin lebende chinesische Lehrerin, hält deshalb das deutsche Schulwesen für »*zu lasch*«, wie sie stellvertretend für viele Asiaten einem Reporter der »Welt« erklärte. Deutsche Eltern wollten, dass ihre Kinder immerzu spielen und lachen – das sei zwar schön, aber auf diese Weise würden sie nicht genug lernen. Lehrerin Lin Xi: »*Ausgeprägter Bildungseifer ist Teil des chinesischen Erfolgsstrebens.*«

Das lohnt sich ganz offensichtlich, denn nicht zuletzt deshalb sind etwa in Deutschland Kinder mit vietnamesischem Migrationshintergrund smarter als deutschstämmige Kids. »*Bundesweit besuchen etwa 59 Prozent der vietnamesischen Schüler ein Gymnasium*«, hat 2013 die »Welt« erhoben. »*Damit sind sie erfolgreicher als deutsche Kinder (43 Prozent). Im Vergleich zu türkisch- oder italienischstämmigen Jugendlichen ist ihre Gymnasialquote fünfmal so hoch.*«

Wie dieses Erziehungsmodell funktioniert, hat 2011 die chinesisch-amerikanische Juristin und Wirtschaftswissenschaftlerin Amy Chua in ihrem Bestseller »Battle Hymn of the Tiger Mother« (deutsch: »Die Mutter des Erfolges«) anschaulich geschildert. Sie erzählt in diesem Buch, wie sie ihre beiden Töchter, Sophia (geboren 1993) und Louisa (»Lulu«, geboren 1996), unter dem Einsatz *»autoritativer«* chinesischer Erziehungsmethoden zu musikalischen Spitzentalenten – Klavier und Geige – herangebildet hat.

In ihrem Buch kritisiert Amy Chua das westliche Erziehungssystem massiv. Unter anderem belegt sie, dass 70 Prozent der weißen Amerikaner davon überzeugt sind, dass Kinder nicht damit klarkommen, wenn von ihnen Erfolg erwartet werde. Ganz anders sei diese Einstellung bei chinesischstämmigen US-Bürgern.

Sie behauptet, dass westliche Eltern

• ihre Kinder ständig unterschätzen und selbst wegen geringer Leistungen zu oft loben.

• ihre Kinder für zerbrechlich halten und damit auch zerbrechlich machen.

• ihren Kinder allzu schnell resignative Handlungen zugestehen, anstatt sie zu einem Aufbäumen zu motivieren.

Und sie behauptet schließlich, dass viele westliche Eltern zu wenig Anstrengungen auf sich nehmen, um ihre Kinder gut zu erziehen. Diese Eltern, so Chua, gingen bloß den Weg des geringsten Widerstandes. Die »Selbstverwirklichung« des Kindes als Priorität zu verstehen, sei ganz klar falsch, vor allem, wenn sich dieses dann stundenlang mit Facebook beschäftigt oder sich mit Computerspielen »verwirklicht«.

Den klassischen Musikunterricht sieht Frau Chua als Schlüssel zu guter Erziehung. Damit soll ein Gegenentwurf zur Konsumorientierung und Oberflächlichkeit generiert werden, in die sonst gerade materiell privilegiert aufwachsende Kinder leicht tappen. Der Weg zur Perfektion aber bestehe in der Musik, ebenso wie auf vielen anderen Gebieten, in harter Arbeit und gewissenhaftem, ausdauernden Üben. Kinder, argumentiert sie, mögen das Üben nicht und tun das auch nicht von sich aus – und zwar unabhängig von der Kultur, in der sie aufwachsen. Während aber westliche Eltern zurückschrecken, ihren Kindern Dinge aufzuzwängen, die sie nicht tun wollen oder denen sie sich widersetzen, erreichen chinesische Kinder unter dem Druck der Eltern rasch einen Punkt, an dem sie auf einem Gebiet – Mathematik, Instrument, Sport oder Ballett – zu brillieren beginnen, wodurch sie die anfänglich nicht als Spaß erlebte Tätigkeit schließlich doch genießen können.

Erwartungsgemäß stießen Frau Chuas Thesen im deutschen Sprachraum auf mehr oder weniger entsetzte Ablehnung, von »*Zucht und Ordnung*«, ja gar von »*Rohrstock-Pädagogik*« war da sauertöpfisch die Rede. Die Bonner Politologin und Soziologin Christiane Florin beobachtete ganz korrekt, dass der Flirt »*mit dem*

Gedanken, dass eine Frau Mahlzahn mal in den Kuschelecken der Republik aufräumt, damit die Kleinen Großes erreichen«, in Deutschland bisher nur »*klammheimlich*« stattfinde. Genau so ist es.

Man muss weder Pädagogikprofessor noch Ökonomienobelpreisträger sein, um sich ein klares Bild davon zu machen, welches Erziehungsprinzip die besseren Chancen im weltweiten Kampf um Wohlstand und Prosperität im 21. Jahrhundert haben wird. Dass »Magister Narziss«, der sich weigert, vor dem Erreichen des Rentenalters das kuschelige »Hotel Mama« zu verlassen, den Kampf gegen die von ihren »Tiger Mums« zu Höchstleistungen trainierten China-Youngsters gewinnen wird, wäre jedenfalls eher überraschend.

VII. Von wegen Sparen: Allein 2012 hat Europa 520 Milliarden Euro neue Schulden gemacht – weil die Politik sich nicht traut, ihren Wählern die Wahrheit und deren brutale Folgen zuzumuten.

Deutschland und Österreich gehören bekanntlich zu den reicheren Ländern der Welt. Doch dieser Reichtum führt offenbar nicht dazu, dass die Bewohner dieser Länder die materiellen Aspekte des Lebens mit einer gewissen Entspanntheit sehen, eher ganz im Gegenteil. Nur wenig bereitet den Menschen des deutschen Sprachraumes so viel Angst wie eine tatsächliche oder auch nur vermeintliche Bedrohung ihrer ökonomischen Komfortzone. So sahen 60 Prozent der Deutschen im Jahr 2013 »steigende Lebenshaltungskosten« als größte Bedrohung in ihrem Leben an, weit vor Krankheit, Katastrophen und anderen Ärgernissen des menschlichen Daseins. Auch in Österreich bereitet 54 Prozent der Befragten »die Wirtschaftslage« große Sorgen, jeder zweite fürchtet, mit seinem Einkommen früher oder später nicht das Auskommen finden zu können. (Quellen: »Welt«; »OÖ Nachrichten«)

Zwar zeigen die Menschen damit einen gewissen Sinn für die Realität, weil die nächsten Jahre in der Tat wirtschaftlich wesentlich schwieriger werden dürften, als die Politiker uns das heute weismachen. Die Gefahr, dass es ziemlich vielen Menschen in Zukunft eher schlechter gehen wird als heute, ist in materieller Hinsicht durchaus gegeben.

Und doch erscheint das Bejammern der Wirtschaftslage und der damit verbunden Risiken, etwas arg Weinerliches an sich zu haben, wenn man sich vergegenwärtigt, auf welch hohem Niveau da geklagt wird.

Stellen wir uns doch einmal vor, im Zuge einer neuerlichen, brutalen Eskalation der Wirtschaftskrise ginge die Wirtschaftsleistung um sagenhafte 25 Prozent zurück, eine wahrhaft apokalyptische Depression also, mit der niemand rechnet, nicht einmal die überzeugtesten Pessimisten und Weltuntergangspropheten.

Doch selbst ein derartiger Crash hätte bloß zur Folge, dass die Wirtschaftsleistung etwa auf das Niveau von Mitte der 1990er-Jahre zurückginge. Das wäre gewiss außerordentlich unerquicklich – aber davon, dass vor rund 20 Jahren blankes Elend in Hamburg, München oder Wien geherrscht hätte, ist eigentlich nichts bekannt. Auch damals haben sich Durchschnittsverdiener alle paar Jahre einen neuen Golf leisten können, sind nach Mallorca auf Urlaub gefahren und haben ihre Eigenheime mit stattlichen Einbauküchen versehen, die meist hässlich, aber stets kostspielig waren.

Man könnte also, bei aller berechtigter Unlust des Wählers, selbst geringfügige Wohlstandseinbußen hinzunehmen, angesichts dieser Fakten doch annehmen, dass diesem Wähler bestimmte kurzfristige, schmerzhafte Reformen zumutbar sind, wenn sie zur nachhaltigen Beendigung der Wirtschaftskrise notwendig sind. Und zwar ohne, dass gleich alle zu heulen beginnen.

Man könnte das annehmen, aber man sollte besser nicht – jedenfalls, wenn man Politiker ist und Wert darauf legt, wiedergewählt zu werden. Denn denen hat der Wähler in ganz Europa in den Jahren seit dem Ausbruch der Krise mit großer Regelmäßigkeit gezeigt, dass sich jede gute Tat unerbittlich rächt: Wer die dringendsten Reformen anzupacken versuchte, wurde auf der Stelle abgewählt. Das Elektorat bevorzugt im Großen und Ganzen jene politischen Scharlatane, die ihm einreden, eine Verschuldungskrise könne durch noch mehr Schulden gelöst werden, und die ihm ganz allgemein einen schmerzlosen Ausweg aus dieser Krise vorgaukeln. Aus dem Amt gejagt wird hingegen, wer die simple Wahrheit ausspricht, dass nachgehungert werden muss, was vorgefressen worden ist. (Werbedurchsage: Warum das so ist und welche Konsequenzen das hat, habe ich in meinem 2012 erschienenen Buch »Prolokratie – Demokratisch in die Pleite« erörtert.)

Dieser Designfehler im demokratischen Betriebssystem der westlichen Staaten hat seit Ausbruch der Weltwirtschaftskrise dazu geführt, dass die Politik zu einer großen Illusionsmaschine verkommen ist, die dem Wähler vorgaukelt, die Krise sei ohne gröbere Wohlstandseinbußen zu überwinden.

Um diese Illusion aufrechterhalten zu können, hat die Politik mit enormen Mengen geliehenen Geldes Zeit gekauft, in der Hoffnung, die Krise werde früher oder später gleichsam von selbst verschwinden. Man muss kein Wirtschaftsexperte sein, um zu erkennen, dass dies nicht eben eine nachhaltige, vernünftige Strategie sein kann. Und schon gar nicht dann, wenn die meisten Regierungen diese auf Pump erkaufte Zeit nicht wenigstens dazu nützen, ihre Staaten so weit umzubauen und zukunftsfest zu machen, dass zusätzliches Wirtschaftswachstum die Schuldenlast abtragen hilft.

Wir begegnen hier also einem ganz ähnlichen Muster wie schon in den bisherigen Kapiteln dieses Buches: Getrieben von einem wehleidigen, zum Heulen bei der erstbesten Gelegenheit neigenden Wähler, versucht der Staat diesem so wenig ökonomischen Schmerz wie möglich zuzumuten, anstatt so viel Schmerz, wie aus ökonomisch zwingenden Gründen notwendig ist – und erhöht damit im Endergebnis den Schaden, den die Krise anrichtet, und den Schmerz, den sie verursachen wird, noch dazu. Denn dass es Europa nicht und nicht gelingt, wieder kräftig zu wachsen, ist ja weitgehend dieser Politik der auf Kredit gekauften Zeit zu verdanken, die diese Krise mehr verschleppt als bekämpft.

Deshalb ist es auch eher kurios, wenn Politiker von Lissabon bis zur russischen Grenze jetzt von der Gefahr des »Kaputtsparens« lamentieren, also von einer spiralartigen Verschlimmerung der Krise durch immer niedrigere Ausgaben des Staates.

Kurios ist das deshalb, weil allein die (damals) 27 Mitgliedsstaaten der Europäischen Union im Jahr 2012 um schlanke 520 Milliarden Euro mehr ausgegeben haben, als sie eingenommen haben. Sparen haben wir uns eigentlich immer etwas anders vorgestellt – etwa als Ausgaben, die kleiner sind als die Einnahmen eines Jahres. Doch davon kann weit und breit nicht die Rede sein, und zwar schon seit Menschengedenken, selbst in als eher solide geltenden Staaten wie Österreich oder Deutschland. Denn das könnte ja den weinerlichen Wähler in schlechte Stimmung versetzen.

»*Wirklich gespart wurde im (österreichischen) Bundeshaushalt (ohne Länder und Gemeinden) seit 1945 nur vier Mal: 1953 und 1954 sowie 1961 und 1962*«, hat der neue österreichische Thinktank Agenda Austria jüngst erhoben. »*Das waren die einzigen Jahre seit Gründung der Zweiten Republik, in denen der Bundeshaushalt im Plus war. Das wiederum bedeutet, dass es mit Reinhard Kamitz und Josef Klaus gezählte zwei Finanzminister gegeben hat, die in ihrem Wirkungskreis einen Überschuss zustande brachten. Allein seit 1970 erhöhte sich die Finanzschuld des Bundes von 3,4 Milliarden Euro auf 194 Milliarden Euro. Inklusive Länder und Gemeinden ist der öffentliche Schuldenberg mittlerweile auf 230 Milliarden Euro angewachsen. Das sind 30.888 Euro pro Einwohner oder 55.145 Euro je Erwerbstätigem.*

Keineswegs rückläufig waren die Staatsausgaben in Österreich. Sie sind in den fünf Jahren nach dem Ausbruch der Krise um 14 Prozent gewachsen, davor waren es 15 Prozent.

Von ›Austerität‹ ist also weit und breit nichts zu sehen.

Dasselbe trifft übrigens auch für Deutschland, Frankreich und Italien zu. In allen drei Staaten sind die öffentlichen Ausgaben in den vergangenen zehn Jahren ausnahmslos gestiegen. Gesunken sind sie in Irland, den Ländern des Baltikums, auch in Griechenland sowie in Spanien. Allerdings stiegen die Staatsausgaben der südlichen Euroländer davor exorbitant an. Allein in Spanien wurden sie in den Jahren 2003 bis 2008 um 50 Prozent erhöht.«

Dass die Staatsschulden vor allem seit dem Zusammenbruch des Hauses Lehman und der darauf folgenden Weltwirtschaftskrise in der EU besonders stark gestiegen sind, ist jedenfalls teilweise der fatalen Neigung der Politik geschuldet, das Prinzip der Verantwortung und vor allem der Haftung auszuhebeln, um dem Wähler schlechte Laune zu ersparen. Deshalb dürfen Staaten, die sich übernommen haben, nicht pleite gehen (Griechenland, Zypern, und einige andere), deshalb dürfen Banken nicht pleite gehen, deshalb werden selbst wichtige Industrien im Zweifel mit Steuergeld am Leben erhalten. Dabei geht es nämlich nicht nur um die Zukunft des »*europäischen Friedensprojektes*«, wie Politiker das gerne salbungsvoll nennen, dabei geht es nicht zwingend um die Rettung des Euro, dabei geht es oft auch um die schlichte Angst der Politiker vor der Rache des Wählers.

Um diese scheinbare Stabilität zu erreichen, hat Europa in den letzten Jahren einen gewaltigen Apparat errichtet, der die Kräfte des Marktes ausschalten soll und dem Wähler die Illusion erhalten soll, den Konsequenzen der jahrzehntelangen Schuldenexzesse entkommen zu können, ohne die Rechnung dafür begleichen zu müssen. Europas Notenbank, die EZB, widmet sich deshalb dem unter seriösen Notenbankern höchst verpönten Geschäft der Staatsfinanzierung, entgegen seinerzeitigen hochheiligen politischen Versprechen ist die EU in eine Transferunion umgebaut worden, in der der Norden für den Süden blechen muss, und absehbar ist, dass in näherer Zukunft »Eurobonds« den notorischen Schuldnerländern erlauben werden, endlich ungestört von den erbsenzählerischen Märkten ihren Neigungen frönen zu können. Bis dahin sorgen hunderte Milliarden schwere »Rettungsschirme« dafür, dass die Märkte außer Funktion gesetzt werden, Pleitestaaten nicht pleite gehen und Wohlstand in breiten Strömen von den leistungsfähigeren EU-Staaten zu den weniger leistungsfähigen – oder leistungsbereiten – fließt.

Argumentiert wird diese von keiner Nation Europas ernsthaft demokratisch legitimierte Apparatur von der politischen Klasse gern mit Hinweis auf die gebotene »Solidarität« in der EU. »*Es ist eine perverse Solidarität, über die wir hier sprechen*«, höhnte der liberale slowakische Politiker Richard Sulik, einer der hellsten Köpfe seines Landes, in einem Interview dazu treffend. »*Das ist der Weg zum Sozialismus: Am Ende werden alle gleich schlecht dran sein, auch die Slowakei. Wenn eine deutsche Firma insolvent wird, helfen ihr die anderen Firmen doch auch nicht. Das Leben bringt Insolvenzen mit sich, das müssen wir akzeptieren. Die Eurozone wird nur funktionieren, wenn Staaten pleite gehen können und alle Investoren das wissen.*«

Ganz ähnlich argumentiert auch der deutsche Ökonom Hans Peter Burghof, indem er den von der Pleite bedrohten Ländern zu mehr Härte gegen sich selbst und ihre Bürger rät und verlangt, diese Staaten mögen »*den Gürtel enger schnallen. Die Länder müssen sehen, dass sie ihre Ausgaben und Einnahmen in ein vernünftiges Gleichgewicht bekommen. Das bedeutet zunächst einmal eine massive Rezession, einen deutlichen Rückgang der wirtschaftlichen Aktivitäten. Das gilt für Griechenland genauso wie für Zypern, wo vieles staatsgetrieben ist. Das ist Luftballonökonomie. Wenn Sie einen überdimensionierten Staat haben, können Sie sich das alles auf Dauer nicht leisten. Es wird eine Reduktion geben. Diese Einsicht wollen wir aber nicht haben, weil wir die politischen Risiken scheuen. Das wäre eine brutale Desillusionierung über das, was wir glauben, schon erreicht zu haben in diesen Ländern.*«

Genau darum geht es. Das Beispiel Griechenlands zeigt freilich geradezu lehrbuchreif, wie wenig die modernen westlichen Staaten in aller Regel bereit sind, *eine brutale Desillusionierung über das, was wir glauben, schon erreicht zu haben*, zu akzeptieren, mehr Härte beim Lösen des Problems zu zeigen und damit das Problem radikal bekämpfen zu können.

Und zwar selbst dann, wenn es buchstäblich ums Leben geht. So berichteten Zeitungen im Frühling 2013, die Kindersterblichkeit in Griechenland sei seit 2010 um 40 Prozent angestiegen, weil nicht mehr ausreichend Ärzte und Medikamente vorhanden seien. Der Schuldige für dieses traurige Faktum war schnell gefunden. »*Sparprogramme kosten Menschenleben*«, diagnostizierte etwa die »Süddeutsche Zeitung« unter der eingängigen Schlagzeile »*Tödliches Sparen*«. Da ist sie ja schon wieder, die unmenschliche Austerität.

Weniger skandalös fanden die Feinde der vermeintlichen Austerität freilich ein anderes Faktum, das mit der steigenden Kindersterblichkeit eng korreliert.

Der griechische Staat beschäftigte nämlich in den vergangenen Jahren der Krise und der Staatspleite im Schnitt etwa eine dreiviertel Million Beamte zur Administration eines Landes von elf Millionen Einwohnern. Die Berliner Republik, nur so zum Vergleich, hält sich zwei Millionen öffentlich Bedienstete, die 80 Millionen Einwohner zu beamtshandeln haben. In Österreich ist die Relation durchaus mit den deutschen Verhältnissen vergleichbar. Das heißt aber auch, dass Athen, nähme es sich bei der Zahl der Beamten pro Kopf Deutschland zum Vorbild, behände mit 250.000 bis 300.000 Beamten das Auslangen finden könnte. Das aber bedeutet, dass Griechenland derzeit fast 500.000 öffentlich Bedienstete zu viel beschäftigt – und bezahlt.

Selbst, wenn jeder dieser unnötigen Beamten seine Regierung nur 2.000 Euro im Monat kostet, könnte Athen locker zehn Milliarden Euro im Jahr sparen, wenn es seine Verwaltung auf die ja auch nicht eben bescheidenen deutschen oder österreichischen Verhältnisse abschlankte. Geld, mit dem die Kindersterblichkeit augenblicklich auf den europäischen Durchschnitt gesenkt werden könnte. Doch anstatt eine halbe Million Beamte abzubauen, hat sich Athen nun gerade einmal auf die Zahl 15.000 verständigt – hart ist das durchaus, aber nicht für den Staat oder die Beamten, sondern ausschließlich für die griechischen Kinder, die sterben müssen, weil die dortigen Politiker *eine brutale Desillusionierung über das, was wir glauben, schon erreicht zu haben* panisch fürchten.

Dass es hingegen durchaus positive Folgen haben kann, schweren wirtschaftlichen Krisen nicht mit noch mehr Schulden, noch mehr Realitätsverweigerung und noch mehr »Luftballonökonomie« (Burghof) zu begegnen, sondern für kurze Zeit eine Politik von Blut, Schweiß und Tränen zu betreiben, belegt das Beispiel Lettlands auf sehr beeindruckende Art und Weise.

Dort brach das Bruttosozialprodukt in Folge der Finanzkrise um mehr als ein Fünftel ein. Und zwar nicht etwa im Laufe von drei Jahren, wie das in Griechenland der Fall war, sondern ganz blitzartig innerhalb eines knappen Jahres. 2008 war der pathologisch aufgeblasene Immobilienmarkt des baltischen Landes kollabiert, ein regelrechter Crash Lettlands war die Folge.

Doch die Letten muteten ihren Bürgern die unangenehme Wahrheit zu und setzten schmerzhafte Schnitte. »*Ihre harten Reformen haben sich ausgezahlt*«, bilanzierte anerkennend die deutsche »Welt«. »*Die Regierung in Riga setzte unpopuläre harte Einschnitte durch: Beinahe jeder fünfte Staatsdiener musste gehen, die Gehälter der verbliebenen wurden in mehreren Runden um bis zu 40 Prozent gekürzt. Kliniken und Schulen schlossen, Steuern und Abgaben stiegen; die Mehrwertsteuer sprang von 18 auf 21 Prozent.*

Insgesamt strich die Regierung öffentliche Ausgaben im Umfang von mehr als 15 Prozent der Wirtschaftsleistung. Der Einschnitt war gewaltig und die Wirtschaft des Landes schrumpfte um ein Viertel – allerdings innerhalb von zwei Jahren. Die Arbeitslosigkeit explodierte von 6,6 Prozent im Frühjahr 2008 auf 20,7 Prozent im ersten Quartal 2010. (...)

Inzwischen gilt Lettland als Modell, wie eine Volkswirtschaft wieder auf Wachstumskurs kommen kann. Seit Ende 2009 geht es schon wieder bergauf, langsam zwar, aber stetig. Im vergangenen Jahr wuchs die Wirtschaft um 5,5 Prozent und der IWF erwartet für dieses Jahr ein Plus von 4,5 Prozent und im kommenden Jahr von 3,5 Prozent.«

Mit berechtigtem Stolz bilanziert der lettische Finanzminister Andris Vilks: »*Austerität funktioniert. Man muss die Krise für Reformen nutzen.*«

Doch mit seiner Meinung, dass Austerität wirkt – und zwar wirkliche Austerität – ist Vilks so etwas wie ein »Last Man Standing« der Wirtschaftspolitik, denn der Mainstream in Europa ist längst wieder auf dem Pfad der Untugend der Verschuldung unterwegs.

Dafür, dass ihre Politiker unvermeidbare Härte nach Art des Balten Vilks um nahezu jeden Preis meiden, zahlen die Europäer freilich einen hohen Preis. Sie entrichten ihn in Form einer schleichenden Enteignung ihrer Barvermögen im Wege der sogenannten »Financial Repression«, also einer real negativen »Verzinsung« ihrer Guthaben. Sie entrichten ihn in Form einer Wirtschaftsflaute mit viel zu wenig Wachstum, weil die Regierungen aus Angst vor dem Wähler den notwendigen, aber schmerzhaften Entschuldungsprozess Europas eingefroren haben, ähnlich wie die Japaner nach dem dortigen Crash vor über 20 Jahren. Sie entrichten ihn in Form von hoher Arbeitslosigkeit, die auch nicht weggehen wird, solange die Volkswirtschaft nicht wieder kraftvoll wächst.

Aber das ist eben der Preis, der zu entrichten ist, wenn mutlose Politiker einer hochgradig schmerzempfindlichen Wählerschaft nicht zumuten wollen, endlich erwachsen zu werden und auch die unerquicklichen Fakten zur Kenntnis zu nehmen.

VIII. Niemand kann so schön heulen wie Künstler – jedenfalls dann, wenn es die viel zu niedrigen Subventionen vom Staat zu beklagen gilt. Dass Kunst durch Subventionen entsteht, ist freilich nicht wirklich nachweisbar.

Wer sich gelegentlich im Milieu der Banker herumtreibt, weiß: Diese Spezies Mensch unterhält sich besonders gern über – Kunst. Das kommt immer irgendwie weltläufig und kosmopolitisch daher und zeigt vor allem, dass der kunstsinnige Banker imstande ist, über den Tellerrand seines Gewerbes hinauszusehen ins weite Land der schönen Dinge.

Wer sich hingegen gelegentlich im Milieu der Künstler herumtreibt, weiß: Diese Spezies Mensch unterhält sich besonders gern über – Geld, und ganz besonders gerne darüber, wie man mehr davon kriegen könnte.

Dabei ist der Tenor fast immer der gleiche: Kunst würde viel zu wenig gefördert, was die Künstler an ausreichender Kunstproduktion hindere, was eine Schande für das Land sei und überhaupt ein Symptom allgemeiner Unmenschlichkeit und neoliberaler Profitorientierung. Darüber zu heulen, wie sehr der Staat seine Künstler am Bettelstab halte, gehört in diesem Milieu zum guten und standesgemäßen Ton.

In Österreich bekamen die Künstler diesen von ihnen regelmäßig behaupteten Prekariatsstatus nun sogar gleichsam amtlich bestätigt. »*Leider befinden sich nach wie vor viele Künstlerinnen und Künstler in einer schwierigen sozialen Lage*«, bekannte im Herbst 2013 die damalige sozialdemokratische österreichische Kulturministerin Claudia Schmied, ehe sie ihr Amt räumen musste.

Dass der Staat Kunst und Künstler zu wenig fördert, gehört zum ewigen Mantra des Kunstbetriebes wie das Vaterunser zu einem katholischen Hochamt; das eine ohne das andere ist völlig undenkbar.

Interessant ist in diesem Zusammenhang vor allem die Frage, ob höhere Subventionen tatsächlich mehr und oder bessere Kunst zu generieren imstande sind – oder ob nicht ganz umgekehrt Subventionen der Produktion von Kunst schädigen, indem sie die von ihnen Beglückten lähmen, unbeweglich machen und eher demotivieren. Ganz so, wie wir das ja auch etwa im Kontext des Sozialstaates oder im Bereich der Entwicklungshilfe beobachten konnten. Schädigt am Ende eine monatliche Apanage vom Staat die Kreativität des Künstler gerade so, wie Geldgeschenke aus dem Norden die Produktivität der Afrikaner mindern? Könnte auch die Gewährung von Subventionen an Künstler so eine Art Wohlfühlprogramm für jene sein, die diese Subventionen huldvoll verteilen können?

Das ist schon deswegen eine alles andere als banale Frage, weil ja jeder Euro Subvention an einen Künstler vorher einem anderen Bürger, also etwa einem Tankwart, einem Chirurgen oder einem Tischler, weggenommen werden muss. Vernünftige Politik wird also eher strenge Maßstäbe daran anlegen, wann eine derartige Umverteilung gerechtfertigt ist und wann nicht; und vor allem: Ob diese Subventionen überhaupt notwendig sind, um Kunst, vor allem hochwertige Kunst, entstehen zu lassen.

An dieser Stelle stellen wir uns einmal die simple Frage: Warum schreibt jemand eigentlich einen Roman?

Es gibt darauf eigentlich nur zwei Antworten: Entweder der Autor folgt einem inneren Drang, einen Text aufzuschreiben – oder aber er schreibt in Erwerbsabsicht, ähnlich einem Kunsttischler oder einem Modedesigner.

Im ersten Fall, also dem gleichsam therapeutischen Schreiben des Autors für den Autor – wie es wohl beispielsweise Franz Kafka betrieben hat –, gibt es keinen guten Grund, diesen Prozess auch noch mit anderer Leute Geld zu fördern. Im zweiten Fall freilich erst recht nicht: Wer des Geldes wegen schreibt, muss eben so marktgängig schreiben, dass sein Einkommen seinen Erwartungen entspricht. Anlass für Subventionen gibt es in diesem Fall nicht.

Warum diese Logik nicht auch für die Produktion von Musik, Theaterstücken, Ölgemälden oder allen anderen künstlerischen Hervorbringungen gültig sein soll, erschließt sich nicht wirklich. Ganz im Gegenteil, nicht gerade wenige Indizien deuten darauf hin, dass Saturiertheit – auch finanzielle Saturiertheit – kein wirklich guter Nährboden für Gedeihen von Kunst ist.

»Unzufriedenheit ist (...) die stärkste Antriebsfeder, Kunst herstellen zu wollen. Kunst ist auch ein Fluchtmoment, etwas,

wo man hingeht, weil es das im Leben nicht gibt. Sie ist eine angenehme Art, das Leben zu ignorieren. Zufriedene Menschen machen keine Kunst; oder wenn, dann diese Handwerkskunst, die als Aquarelle in Kaffeehäusern hängt. Kunst ist das nicht«, meint der erfolgreiche österreichische Kabarettist und Autor Davis Schalko. (Quelle: »Standard«)

Noch kräftiger hat das der deutsche Maler Markus Lüpertz ausgedrückt, der ausgerechnet beim Neujahrsempfang 2013 des Ruhrkunstmuseums donnerte: »*90 Prozent der Scheißkunst, die uns umgibt, gibt es nur, weil sie gefördert wird.*« Wer nicht wie er imstande sei, fügte er dem Sinne nach hinzu, von seiner Kunst zu leben, der müsse sich eben nach anderen Erwerbsoptionen umsehen.

Wer diesen erfrischend vernünftigen Standpunkt vertritt, verfällt in Deutschland wie Österreich unverzüglich der sozialen Ächtung durch das Milieu der Wohlmeinenden.

Sogar, wenn die Einwendungen höchst moderat und abwägend vorgetragen werden. »*Die Förderung der deutschen Steinkohle wird spätestens vom Jahr 2018 an nicht mehr vom Staat unterstützt werden, der deutsche Landwirt muss sich zunehmend dem Wettbewerb stellen, in die deutsche Universität ist der Geist der Drittmittelbeschaffung eingezogen. Am prinzipiellen Anrecht der deutschen Kunst darauf, von der öffentlichen Hand gefördert zu werden, aber gibt es keinen Zweifel*«, ätzte schon 2010 Thomas Steinfeld in der »Süddeutschen Zeitung«. »*Angesichts vor allem von neuer Literatur und bildender Kunst – und mit Einschränkungen, weil an große Institutionen gebunden, auch von zeitgenössischer Musik, Theater und Tanz – legen Staat wie Gesellschaft eine Beflissenheit an den Tag, die wirkt, als ob die alte Unterscheidung zwischen profan und sakral, auf die Kunst übertragen, noch immer funktionierte. So groß ist diese Verehrung, dass schon, wer die staatliche Kunstförderung befürwortet und sich eben deswegen ein paar Gedanken darüber machen will, ob es denn gut für die Kultur ist, wenn sie auch offiziell zum Staatsziel wird, leicht eines Ressentiments verdächtigt wird – und daraufhin als Banause gilt, der eine vermeintlich ohnehin stets bedrohte Kunst an die freie Marktwirtschaft zu verraten trachtet.*«

Ein wesentlicher Grund dafür, dass grundsätzliche Kritik an der staatlich organisierten Umverteilung des Steuergeldes vom diesbezüglich überschaubar interessierten Facharbeiter hin zum subventionsaffinen älteren Nachwuchspoeten als unziemlich gilt, liegt an dem einflussreichen Apparat, der sich in den vergangenen Jahrzehnten zur Verwaltung dieses Mechanismus gebildet hat. Und: an der eigentümlichen Symbiose zwischen der Politik, die diese Umverteilung organisiert, und den Künstlern, die von ihr profitieren.

Denn immerhin geht es hier um ziemlich viel Geld. Fast eine halbe Milliarde Euro beträgt allein das Budget des österreichischen Kunstministeriums, rund 300 Millionen jenes der Stadt Wien; in Deutschland werden die nicht-privaten Ausgaben für Kunst und

Kultur auf bis zu acht Milliarden Euro geschätzt; genaue Zahlen gibt es interessanterweise nicht. Rund 3.000 Kulturpreise werden jährlich in Deutschland vergeben, also statistisch gesehen fast zehn pro Tag, was den fröhlichen Empfängern Einnahmen von rund 50 Milliarden Euro bringt.

Die Lage in Österreich ist nicht viel anders, was einzelnen Künstlern zu durchaus ansehnlichen Einkünften verhilft. So konnte etwa ein in ganz Österreich berühmter Schriftsteller, prächtiges Exemplar eines herangereiften Systemkritikers, in den ersten zehn Jahren dieses Jahrhunderts insgesamt 309.000 Euro an staatlichen Zuwendungen einstreichen: darunter sechs Werkstipendien à 6.000 Euro, ein Werkstipendium à 4.400 Euro, ein Preisgeld zu 14.600 Euro, zwei Reisestipendien zu insgesamt 2.700 Euro, eine Kostenerstattung für einen Computer zu 1.200 Euro, zwei Abgeltungen für angekaufte Manuskripte zu insgesamt 180.000 Euro, ein Stipendium zu 50.400 Euro sowie zwölf »indirekte Förderungen« in Höhe von 19.600 Euro. Damit schaffte es der geschäftstüchtige Poet, dem Staat in dieser Zeit eine Art Rente von 2.500 Euro im Monat zu entsteißen, natürlich zusätzlich zu allfälligen Markteinkommen wie Buchtantiemen, Vortragshonoraren und anderen leistungsbezogenen Einnahmen.

Es wird natürlich reiner Zufall sein, dass sich des Dichters Kritik an der nicht eben unumstrittenen Kulturministerin zu deren Amtszeiten in eher überschaubaren Grenzen hielt: eine Symbiose zwischen Kunst und Politik, zusammengehalten vom Bindemittel Geld.

»*Die Reformunfähigkeit des real existierenden Kulturbetriebes ist inzwischen sprichwörtlich*«, beschrieb eher höflich ein Kommentator der »Zeit« einen Teil dieses Problems. »*Seine Strukturen sind oft undurchschaubar, ebenso wie seine Netzwerke. Manche Einrichtung, manche Stiftung verfolgt keinen klaren kulturellen Zweck, sondern einen unausgesprochenen anderen. Noch immer werden Ressourcen unklar verteilt oder vergeudet. Ohne Idee und ohne Kriterien sind Kulturpolitiker unfähig, das sich ausdehnende Institutionenuniversum zu gestalten, vor allem fehlt ihnen ein Vokabular, einen Rückbau zu kommunizieren, wo er nötig wird.*«

Dass ein derartiger Rückbau möglicherweise nicht nur erhebliche Summen an Steuergeld einsparen könnte, sondern auch die Produktivität der Künstler nicht wirklich arg mindern würde, gilt freilich als ziemlich unfeine, banausische und provinzielle Haltung, jedenfalls in jenen medialen und künstlerischen Milieus, die den einschlägigen Diskurs dominieren. Die Schmerzempfindlichkeit und die Neigung zur Larmoyanz sind dort recht gut ausgebildet, vor allem wenn es um Geld geht.

Das mussten auch Pius Knüsel, Direktor der schweizerischen Kulturstiftung »Pro Helvetia« und seine

Koautoren Dieter Haselbach (Leiter des Zentrums für Kulturforschung bei Bonn), Armin Klein (Professor für Kulturmanagement in Ludwigsburg), und Stephan Opitz (Leiter des Referats für Kulturelle Grundsatzfragen im Bildungsministerium von Schleswig-Holstein) erfahren, nachdem sie in ihrem Buch »Kulturinfarkt« gemeint hatten, die Hälfte aller staatlich geförderten Theater, Museen und Bibliotheken könnte ersatzlos dichtgemacht werden. »*3200 statt 6300 Museen in Deutschland, 70 staatliche und städtische Bühnen statt 140, 4000 Bibliotheken statt 8200 – wäre das die Apokalypse?*«, fragen die Autoren rhetorisch. Schließlich würden auch Kirchen geschlossen, wenn es an Kirchgängern mangle, Schulen machten dicht und sogar Krankenhäuser würden fusioniert, wenn die Kassen knapp und die Auslastungen mager sind.

Mehr haben Knüsel und Co nicht tun müssen. »*Unwissen und einen Mangel an kulturpolitischer Verantwortung*«, warf der Deutsche Bühnenverein den vier Autoren vor. »*Das Ressentiment gegen staatlich geförderte Hochkultur ist in der Streitschrift allgegenwärtig*«, ätzte der Autor Julian Schütt in der »Zeit« und nannte Knüsel einen »*Kultur-Populisten*«, was in diesem Milieu den schlimmsten nur vorstellbaren Insult darstellt. »*Bringt wenig, schadet viel, ist banausisch*«, wischte die »Süddeutsche« die Argumente des Provokateurs Knüsel beiseite. Noch härter schlug schließlich die »FAZ« zu: »*Was die Autoren des ›Kulturinfarkts‹ vor allem vorführen, ist die Verwüstung, die marktorientiertes Denken in der Sprache anrichtet.«*

Dass der Kulturbetrieb mit derart heftiger Abstoßreaktion seines intellektuellen Immunsystems reagiert, wenn jemand dessen Rückbau betreiben will, wird nicht zuletzt an dem Komfort liegen, den dieser Betrieb mittlerweise zehntausenden seiner Akteure bietet.

»*Wovon leben zum Beispiel die Gestalten, die Judith Hermanns auch international so erfolgreiche Erzählungen bevölkern?*«, fragte mit Recht der schon zitierte Thomas Steinfeld in der »Süddeutschen«. »*Die meisten von ihnen sind zwischen 30 und 40 Jahren alt, manche haben, in loser Form, einen Auftrag zu erfüllen – vielleicht an einem Theater in der Provinz, doch meistens auf Reisen durch die Welt (die ahnen lassen, zu welch weitläufigen Engagements der Autorin für die auswärtige Kulturarbeit es nach dem Erfolg von ›Sommerhaus, später‹ gekommen war). Aber keiner geht einer geregelten Arbeit nach. Es ist ein bescheidenes, aber behagliches Leben, das hier geführt wird, ein Leben zwischen Schloss Wiepersdorf und dem Goethe-Institut in Kalkutta, zwischen Podiumsdiskussion im Literarischen Colloquium und einem Stipendium für die Villa Massimo. In dieser Hinsicht sind Judith Hermanns Geschichten durchaus repräsentativ: Es sind nicht wenige Menschen, die so ihr Auskommen finden – es gibt in Deutschland einen ästhetischen Mittelstand, lauter nicht ganz unbekannte, aber auch nicht ganz bekannte, nicht herausragende, aber auch ganz und gar nicht verächtliche Künstler, in denen die Wirkung der staatlichen Alimentierung von Kunst am deutlichsten zu erkennen ist: in Gestalt von mittleren Angestellten des originellen Einfalls, der treffenden Formulierung, des künstlerisch vermittelten Dabeigewesenseins.«*

Nun mag man einwenden, dass die Beträge, die zur Absicherung dieser Komfortzone auf Kosten jene Steuerzahler, die ihren Lebensunterhalt nicht zwischen Goethe-Institut und Villa Massimo erarbeiten, sondern am Fließband oder im Büro bestreiten, nicht so horrend hoch sind, vergleicht man sie mit anderen staatlichen Ausgaben.

Mag sein, aber es gilt auch: Der Kulturbetrieb hat durch seine besondere Exponiertheit, die Eloquenz der meisten seiner Akteure und durch seine damit verbundene besonders gute Sichtbarkeit im öffentlichen Diskurs so eine Art Leuchtturmfunktion. Dass die in diesem Leuchtturm zelebrierte besondere Wehleidigkeit, Larmoyanz und Empfindsamkeit eher effizient auf andere Gruppen vermeintlich Benachteiligter, zu wenig Geförderter und natürlich krass Untersubventionierter ausstrahlt, dürfen wir getrost vermuten.

IX. Ein leicht verfettetes Europa, dessen überkomfortabler Wohlfahrtsstaat seine Insassen anstrengungsunlustig, unbeweglich und abhängig von den Zuwendungen des Nanny-Staates gemacht hat, wird im globalen Wettbewerb gegen wesentlich vitalere, beweglichere und vor allem leistungsaffinere Kulturen mit Sicherheit verlieren.

Es war eine überaus bemerkenswerte Rede, die Willem-Alexander, der neue König der Niederlande, im September 2013 vor dem Parlament in Den Haag hielt. Geschrieben hatte diese Thronrede, wie es die Tradition verlangt, der Premierminister des Landes, Mark Rutte. Ihre zentrale Botschaft lautete: *»Der Wohlfahrtsstaat ist am Ende.«*

Damit ist die Regierung des gemeinhin nicht eben als Bollwerk des menschenverachtenden Manchesterliberalismus bekannten niederländischen Sozialstaates die erste Europas, die ganz offen ausspricht, was Sache ist. *»Der klassische Wohlfahrtsstaat verwandelt sich langsam, aber sicher in eine Gesellschaft der Selbstverantwortung«*, erläuterte Willem-Alexander die Faktenlage. Soll heißen: Weil auch sein Land in Wahrheit finanziell so flach ist wie die Landschaft zwischen Amsterdam und Rotterdam, wird es in Zukunft deutlich weniger Bares vom Staat für all jene geben, die Arbeit und Broterwerb für eine neoliberale Zumutung und einen brutalen Verstoß gegen die Menschenwürde halten.

Noch ist nicht gut vorstellbar, dass eine deutsche Bundeskanzlerin oder ein österreichischer Regierungschef ihren Wählern eine derartige Wahrheit zumuten würden, dazu geht es beiden Ländern ökonomisch noch nicht schlecht genug, jedenfalls was den sichtbaren Teil des Schuldeneisberges betrifft, auf den wir zusteuern.

Und trotzdem wird auf mittlere Sicht wohl kaum einer europäischen Regierung ein derartiges Eingeständnis – und ein paar andere, nicht weniger unangenehme – erspart bleiben, sollte der Alte Kontinent nicht endgültig wirtschaftlichen Selbstmord im Sinne haben. Denn jener Wohlfahrtsstaat, der seit etwa Anfang der 1970er-Jahre als welthistorisch einmaliges Experiment errichtet worden war, ist im Wesentlichen auf Pump finanziert worden. Spätestens seit dem Ausbruch der Finanzkrise 2008 aber ist klargeworden, dass es kein staatliches Grundrecht auf unbegrenzte Schulden zum Nulltarif gibt, sondern Geldgeber auch mal »Nein« sagen können, wenn der Finanzminister eines insolvenzbedrohten Wohlfahrtsstaates wieder mal ein paar Milliarden schnorren will.

Worum es in den kommenden Jahren gehen wird, hat jüngst ausgerechnet ein russischer Oligarch sehr treffend auf den Punkt gebracht. Sergei Galizki, laut »Forbes« auf Platz 17 der Liste der reichsten Russen, ist Gründer der größten russischen Lebensmittelkette namens Magnit und einer der wenigen Oligarchen, der nicht durch dubiose Privatisierungen in den Jelzin-Jahren, sondern durch eine vernünftige unternehmerische Idee – eine Art Aldi für Russland – vom Betreiber eines Lebensmittelhandels in der Provinz zu einem der Superreichen wurde. Heute betreibt er 7.000 Supermärkte und beschäftigt fast 200.000 Mitarbeiter.

Wenn der erfolgreiche Unternehmer Galizki über Europa spricht, klingt er nicht eben übermäßig optimistisch.

»*Wenn Leute satt werden, neigen sie zum Sozialismus*«, diagnostiziert er in einem Interview, »*und Sozialismus trägt immer die Fäulnis in sich: Die Arbeitswochen werden verkürzt, das Arbeitslosengeld erhöht. Der Sozialismus kann Europa zugrunde richten. Sobald der Unternehmergeist, der Geist des freien Marktes, aus Europa verschwindet, müsst ihr euch auf den Sozialismus einstellen. Und dann werden nicht wirtschaftliche Regeln die Verteilung vornehmen, sondern einzelne Leute. Und sie regeln sicher schlechter als die unsichtbare Hand Adam Smiths.*« Sein Schluss: »*Europa muss hager sein, nicht dick. Sonst verliert es die geistige Führerschaft.*«

Europa muss hager sein, nicht dick: Genau darum geht es. Ein leicht verfettetes Europa, dessen überkomfortabler Wohlfahrtsstaat seine Insassen dick, anstrengungsunlustig, unbeweglich und abhängig von den Zuwendungen des Nanny-Staates gemacht hat, wird im globalen Wettbewerb gegen wesentlich vitalere, beweglichere und vor allem leistungsaffinere Kulturen mit Sicherheit verlieren.

Dabei geht es nicht nur darum, den Wohlfahrtsstaat auf ein vernünftiges – also wesentlich schlankeres – Maß zurückzuführen. Dabei geht es natürlich genauso darum, allen anderen, die die Zitzen des Staates nicht mehr aus dem Mund kriegen können, wieder an mehr Eigenverantwortung und weniger Milch vom Nanny-

Staat zu gewöhnen. Am Ende ist nämlich nicht nur der Wohlfahrtsstaat, sondern auch der Subventionsstaat, der zahlreiche Unternehmer, Bauern und natürlich jeden Besitzer eines Windrades unter hundert verschiedenen Titeln mit Subventionen, Steuererleichterungen und anderen Zuwendungen verwöhnt. Es geht letztlich um nichts weniger als darum, jeden Anspruch, der an den Staat gestellt wird, einmal grundsätzlich unter einen Sinnhaftigkeitsvorbehalt zu stellen. Und zwar völlig unabhängig davon, ob er aus dem Milieu der sozialleistungsaffinen Unterschichten oder der subventionssüchtigen Investorenklasse stammt, vom Bauern mit Pragmatisierungsanspruch oder vom Studenten, der ein Menschenrecht auf Gratisstudium bis zum Antritt des Vorruhestandes vermutet. Es geht darum, dass der Staat nicht mehr länger auf jede im verheulten Ton der vermeintlich anspruchsberechtigten Klassen vorgetragene Forderung auf Linderung ihrer jeweiligen Leiden einen Scheck unterschreibt, sondern stattdessen seiner Klientel auch mal ein fröhliches »Hört auf zu heulen und krempelt die Ärmel hoch« entgegenhält.

Dass Europa über mehrere hundert Jahre die erfolgreichste Region der Welt war, führt der renommierte Historiker Niall Ferguson auf eine Reihe von ihm so genannter »Killerapplikationen« zurück, also bestimmte Charakteristika der europäischen Gesellschaften, die diese besonders wettbewerbsfähig gemacht haben. Dazu zählt er das Zulassen von Wettbewerb, die Förderung von Wissenschaft und Technologie, den Rechtsstaat, die Konsumgesellschaft, die Medizin und vor allem auch die Arbeitsethik.

Doch Europa, argumentiert Ferguson, sei drauf und dran, diese Killerapplikationen weitgehend aus der Hand zu geben: »*In der Gegenwart haben wir angefangen, uns selbst zu schwächen. Unsere Killer-App Arbeitsethik löschen wir mit dem Wohlfahrtsstaat; unsere Konsumgesellschaft löschen wir mit Schulden; unseren Vorteil auf dem Gebiet der Medizin löschen wir mit Junkfood; unseren wissenschaftlichen Vorteil löschen wir mit Junkbildung; unseren Rechtsstaat löschen wir mit unsinnigen Vorschriften; und unseren Wettbewerbsgeist löschen wir mit zentralisierter Regulierung.*« (Quelle: »Zeit«)

Man muss wirklich kein traniger Kulturpessimist sein, um Fergusons Diagnose zu teilen, ein gelegentlicher Blick in die Zeitung reicht dazu völlig.

Deshalb ist auch zu befürchten, dass sein trüber Blick auf die vor uns liegenden Jahre die Wirklichkeit recht präzise beschreibt: »*Infolgedessen nähern wir im Westen uns dem an, was Adam Smith den* stationary state *nannte – einem Zustand des Stillstands. Wenn ich heute den Blick auf Europa richte, sehe ich Jahrzehnte der Wachstumsschwäche und Berge von Schulden voraus. Doch die gute Nachricht lautet: Diese Schwierigkeiten haben wir uns selbst eingebrockt. Sie stecken nicht in unserer DNA, sondern sie sind institutioneller Art. Deshalb können wir sie beheben. Aber damit wir sie in den Griff bekommen können, müssen wir sie zuerst erkennen. Nirgends auf der Welt fällt das heute so schwer wie in Deutschland, wo die Illusion fortbesteht, dass in der besten aller möglichen Welten alles zum Besten bestellt ist.*« (Statt »Deutschland« könnte Ferguson natürlich genauso gut »Österreich« sagen, wo die Dinge diesbezüglich um nichts besser stehen.)

Die Illusion, dass »*in der besten aller möglichen Welten alles zum Besten bestellt ist*«, wird natürlich primär von der politischen Klasse am Leben erhalten, die ja unmittelbar und ganz persönlich davon profitiert. Denn nur, wenn es in der Demokratie gelingt, dem Wähler erfolgreich einzureden, dass er auch ohne jene Anstrengungen, die Fergusons Killerapplikationen zum Teil ja beinhalten, weiter Wohlstand und Knete vom Staat haben kann, kann sich die politische Klasse vor Abwahl schützen.

Deshalb hat die natürlich jedes Interesse daran, den Blick des Wählers auf die Wirklichkeit zu verstellen, welche zu erkennen, freilich Voraussetzung für den Beginn jenes dringend notwendigen Ertüchtigungsprozesses wäre, der Europa wieder hager, beweglich und agil lassen werden könnte.

Wahlsiege werden sich, wie verschiedene ohnehin eher bescheiden dimensionierte politische Feldversuche deutlich bewiesen haben, nach derartigen, von der Bevölkerung als eher unerquicklich empfundenen Kuren nicht einfahren lassen: Wer lebensnotwendige politische Reformen verantwortet, wird in aller Regel abgewählt. Auch in der Politik gilt: *No good deed goes unpunished.*

Das gilt vermutlich in besonders hohem Ausmaß für jene grundlegenden politischen Veränderungen, die notwendig sind, um Europas Killerapplikationen wiederzubeleben, und um den Kontinent damit wieder wettbewerbsfit zu machen.

Denn um etwa die Killerapplikation »Arbeitsethik« wieder zum Funktionieren zu bringen, wird der – politisch eher suizidale – Rückbau des Wohlfahrtsstaates mit seinen überbordenden Komfortzonen für die grundsicherungsaffinen Schichten zwingend notwendige Voraussetzung sein. Als Max Weber vor über einem Jahrhundert seinen berühmten Essay »Die protestantische Ethik und der Geist des Kapitalismus« verfasste, arbeiteten die Menschen in Europa noch intensiver, härter und länger als in den meisten anderen Regionen der Welt. Das mag für den Einzelnen überschaubar erbaulich gewesen sein, trug aber ganz wesentlich zur industriellen Potenz Europas bei. Davon ist heute nicht mehr sehr viel übrig: In Deutschland oder Österreich wird heute etwa 1.400 bis 1.600 Stunden pro Jahr gearbeitet, in Südkorea hingegen 2.200 Stunden.

Dass trotzdem überall in Europa Politiker, Ökonomen und Publizisten allen Ernstes behaupten, nicht mehr und härtere Arbeit würde uns wirtschaftlich voranbringen, sondern das Gegenteil (»Arbeitszeitverkürzung«), zeigt beispielhaft, wie weit vom Kurs der Vernunft Europa mittlerweile abgekommen ist.

Eine wesentliche Ursache für diesen törichten Kurs ist die fatale Neigung der Politik – die ihre Wähler nur allzu gut kennt – jedes tatsächliche oder auch nur vermeintliche Leid mit dem Geld anderer Leute zu trösten, und zwar so, dass sich das Ergebnis als »sozial gerecht« verkaufen lässt und dementsprechend viele Stimmen bringt. Deswegen wird behauptete soziale Bedürftigkeit im Inland mit der Forderung nach noch mehr Sozialleistungen, behauptete soziale Bedürftigkeit in der Ferne mit der Forderung nach noch mehr Entwicklungshilfe und jeder schlecht bezahlte Job mit der Forderung nach Mindestlöhnen beantwortet, auch wenn das alles mehr Probleme schafft, als es löst.

Das Fatale daran ist, dass es sich auch für intelligente Menschen in der Politik, in den Medien oder am Stammtisch unendlich viel besser anfühlt, eine scheinbar »soziale« Position zu vertreten, als eine vernünftige und damit letztlich sozialere Ansicht zu vertreten.

Öffentlich zu fordern, dass ein Stundenlohn im wohlhabenden Europa nicht weniger als acht Euro ausmachen soll, fühlt sich einfach wesentlich besser an als der Hinweis darauf, dass schlecht Qualifizierte am Markt nur zu schlechten Löhnen Arbeit finden können.

Ein Verbot der Kinderarbeit in Bangladesch zu fordern, fühlt sich einfach viel besser an, als der Hinweis darauf, dass dieses Verbot zahllose Kinder in die Prostitution drängen würde. Und mehr Geld für Afrika zu verlangen, fühlt sich definitiv besser an, als darauf hinzuweisen, dass dieses Geld Initiative und Eigenverantwortlichkeit der Afrikaner schwächt.

Man kann dieses Phänomen jederzeit selbst ausprobieren. Geben Sie dem nächstbesten Bettler 20 Euro, und Sie werden sich als sozial verantwortlicher Mensch ganz prima fühlen. Drücken Sie dem gleichen Bettler die Jobangebote aus der Tageszeitung in die Hand samt ein paar Münzen, damit er bei einem potenziellen Arbeitgeber anrufen kann, und Sie werden sich wie ein schmallippiger, herzloser Zeitgenosse fühlen, obwohl dem Bettler jedenfalls grundsätzlich mit einem Job mehr geholfen wäre als mit einem Almosen.

Einen Standpunkt zu vertreten, der nicht emotionsgetrieben, sondern vernunftgesteuert ist, beschert deshalb jedem, der sich in der Öffentlichkeit bewegt, sofort den Ruf, ein menschenverachtender herzenskalter Neoliberaler zu sein, dem jede Empathie fremd ist.

Das ist ja auch einer der Gründe, warum sich der ernsthafte politische Liberalismus gar so schwer tut im deutschen Sprachraum.

Denn er beinhaltet weder irgendwelche Heilsversprechen auf eine bessere Welt noch irgendwelche Krücken für den Einzelnen, sondern will bloß den Freiraum und die Autonomie des Einzelnen möglichst weit abstecken – und es dann diesem Einzelnen überlassen, wie er diese Freiheit nutzt oder auch nicht.

»*Der Konservativismus und die Sozialdemokratie kennen derlei Probleme nicht*«, diagnostizierte der Autor Dieter Schnaas jüngst in der »WirtschaftsWoche«. »*Beide politischen Stilrichtungen verfügen über akklamationsfähige Inhalte, beide haben den Menschen etwas Bejahbares anzubieten, eine Projektionsfläche – eine Identität. Die Konservativen schöpfen aus dem reichen Reservoir der (nationalen) Kultur und Geschichte. Sie bauen auf Bewährtes, hüten die Tradition und pflegen die alten Werte, sie achten die Erfahrung, hegen überlieferte Ordnungen und vertrauen auf die zivilisierende Kraft gewachsener Institutionen.*

Noch besser liegen die Dinge bei den Sozialdemokraten. Die haben immer die Zukunft, den Fortschritt und das große Ganze im Blick, die Gesellschaft, den Staat und den Weltfrieden. Sie erheben Utopia zum allgemeinen Menschheitsziel und dienen sich uns als Navigatoren auf dem Weg dorthin an; sie erobern täglich eine bessere Welt und eine schönere Zeit, immer unterwegs für uns und die gute Sache, angetrieben von der erneuerbarsten aller politischen Energien, der ›Sozialen Gerechtigkeit‹.

Allein der Liberalismus, der lässt uns im Stich. Der hält uns hinein in die Welt, wie sie ist und wir sie vorfinden – und gibt uns einen Stups. Der erteilt uns keine Ratschläge und weist uns keine Richtung, der gibt uns keinen Wink, kennt weder Herkunft, Weg noch Ziel. Der Liberalismus ist eine einzige Zumutung. Er zwingt uns die Freiheit auf, irgendwas aus ihr zu machen. Sie zu nutzen oder nicht.«

Weil diese Zumutung für die große Mehrheit der Wähler ein wenig attraktives Angebot ist, obsiegen in der politischen Auseinandersetzung natürlich regelmäßig all jene, die »akklamationsfähige Inhalte« und »soziale Wärme« feilbieten. Auch um den Preis, dass Europa all jene Killerapplikationen einbüßt, die diesen Kontinent einst so außergewöhnlich erfolgreich gemacht haben.

Die gute Nachricht dabei ist: Diese fatale Entwicklung folgt keinem Naturgesetz, sie ist weder in das deutsche noch das österreichische Erbgut eingebrannt und sie ist auch nicht Folge einer unheilbaren ansteckenden Krankheit. Dass Europa heute eine Republik des Stillstandes geworden ist, hat letztlich der Wähler in freier Ausübung seiner demokratischen Rechte herbeigewählt, und genauso gut kann der Souverän diesen Stillstand und diese Stagnation morgen wieder abwählen.

Beispiele für einen derartigen Ruck finden sich in der Geschichte immer wieder, wenn auch nicht allzu häufig. Aber wenn es etwa Großbritannien in den 1970er-Jahren geschafft hat, jemanden wie Margaret Thatcher an die Spitze des Staates zu wählen und damit das Fundament für eine Renaissance der damals darniederliegenden Nation zu bewirken, dann zeigt das zumindest grundsätzlich, dass auch Europa einen Weg aus dem Stillstand finden könnte.

Wenn es denn wollte. Denn besonders komfortabel wird dieser Weg nicht werden. Er kann nur gegangen werden, wenn der demokratische Souverän aufhört, jede noch so kleine Beeinträchtigung seiner Komfortzone sofort dem Staat zur gefälligen Bereinigung, am liebsten mit dem Geld anderer Leute, vorzutragen. Er kann nur gegangen werden, wenn der demokratische Souverän kapiert, dass sein Wohlstand auf Pump und Kosten der nächsten Generationen in Wahrheit ergaunert und ganz und gar nicht nachhaltig ist, was künftige Wohlstandseinbußen notwendig macht. Und er kann nur gegangen werden, wenn jene Politik der Gefühle, die im Namen der »sozialen Gerechtigkeit« soziale Ungerechtigkeit herbeiführt, durch eine faktenbasierte Politik ersetzt wird, auch wenn sich das nicht so gut anfühlt.

Und wenn schließlich jene allgemeine Weinerlichkeit beiseite geräumt wird, die Grundlage dieser Politik der Gefühle der Wohlmeinenden ist: *Hört auf zu heulen!*